월급쟁이 부자 유 과장 이야기

월급쟁이 부자 유 과장 이야기

발행일   2022년 8월 30일

지은이   유명환
펴낸이   손형국
펴낸곳   (주)북랩
편집인   선일영   편집   정두철, 배진용, 김현아, 박준, 장하영
디자인   이현수, 김민하, 김영주, 안유경, 한수희   제작   박기성, 황동현, 구성우, 권태련
마케팅   김회란, 박진관
출판등록   2004. 12. 1(제2012-000051호)
주소   서울특별시 금천구 가산디지털 1로 168, 우림라이온스밸리 B동 B113~114호, C동 B101호
홈페이지   www.book.co.kr
전화번호   (02)2026-5777   팩스   (02)2026-5747

ISBN   979-11-6836-462-2 03320 (종이책)   979-11-6836-463-9 05320 (전자책)

(주)북랩 성공출판의 파트너
북랩 홈페이지와 패밀리 사이트에서 다양한 출판 솔루션을 만나 보세요!
홈페이지 book.co.kr • **블로그** blog.naver.com/essaybook • **출판문의** book@book.co.kr

작가 연락처 문의 ▸ ask.book.co.kr
작가 연락처는 개인정보이므로 북랩에서 알려드릴 수 없습니다.

평범한 직장인이 150억 자산가가 되기까지

월급쟁이 부자

유 과장 이야기

유명환 지음

서문

지인들의 결혼식에 갈 때면 틀에 박힌 진행방식과 식이 끝나고 대동소이하게 차려지는 음식 등 일상화된 패턴에 실망하면서도, 그 틈새 안에서 보이는 신랑 신부의 희망에 찬 얼굴을 보면서 누구나 행복할 권리가 있음을 확인하게 된다. 최근의 많은 전문적 연구결과들은 충분한 경제적 자산의 확보는 행복하기 위한 기본 조건임을 보여주며, 특히 편안한 노후를 꿈꾸는 이라면 이에 대비한 충분한 자산 확보의 필요성을 강조하고 있다.

필자가 이 책을 통하여 말하고자 하는 것은 두 가지다.

첫째, 최근 서울과 수도권을 중심으로 한 부동산 급등으로 '젊은이들에게는 이제 충분한 자산 확보의 기회는 없어진 것 아닌가?'라는 우려에 대한 답이다. 평소의 소신인 '투자의 기회는 항상 있다'라는 메시지를 전하고자 한다.

둘째, 부동산이나 주식 등 재테크가 무조건적으로 성공을 보장하지 않는 상황에서, 특히 부동산을 통한 자산 증식을 하기 위해서는 부동산을 산업의 하나로 인식하고 경제동향 분석을 통한 투자 접근의 필요성을 강조한다.

필자의 지나친 염려인지는 모르지만 많은 직장인들이 짧지 않은 직장생활 속에서 부단히 저축하고 미래를 고민해도 부족한 현실임에도 자신들이 어떤 직장을 마치 영원토록 다닐 것처럼 행동한다. 그럴듯한 보금자리, 자동차, 필요 이상의 소비재 등을 마련하는 데 적잖은 시간과 돈을 할애하며 허비하고 있는 것이다. 하지만 최근 코로나19의 팬데믹 상황에서 보듯, 국가는 평범한 국민들의 위기에 이렇다 할 큰 도움이 되고 있지 못하고 있다. 개개인 스스로가 미래에 대한 준비를 철저히 해야 하는 것이다.

글로벌 경제공조 확대에 따른 빈부격차마저 심화되는 상황에서 부자로의 미래를 꿈꾸는 사람들에게 작은 도움이라도 되었으면 하는 심정으로 필자의 경험담과 생각을 정리해보았다.

2022년 8월

유명환

목차

서문   •4

preview
월급쟁이 부자 유 과장의 일상

4월의 일상   •13

주변의 작은 자랑을 너그럽게 수용하는 여유   •15

눈높이가 빈부를 가르다   •17

부의 세계에도 기운은 존재한다   •19

양 과장의 텃밭 농사, 최 과장의 먹방 농사, 유 과장의 부동산 농사   •22

거지와 왕자   •26

부자를 꿈꾸게 만든 기억들   •29

서울의 부유한 세입자, 부유한 집주인   •33

부자 아빠 로버트 기요사키의 가르침   •37

똑똑하지만 평범한 자산의 소유자들   •39

실전 투자 따라잡기 ①   •48

제1장
부자를 꿈꾸던 신입사원 시절

부자를 꿈꾸던 신입사원 시절, 그리고 첫 투자 실패 ·53

부자를 꿈꾸게 만든 배경 이야기 ·57

리더를 믿어서는 안 되는 사회 ·61

인원구조조정 능력이 곧 기업 경쟁력인 시대의 도래 ·65

글로벌 시대, 심화되는 빈부격차 ·70

준비하지 않으면 당신도 예외가 될 수 없다 ·74

실전 투자 따라잡기 ② ·76

제2장
유 과장의 자산 형성 스토리

불황은 부동산 재테크의 기회 ·83

서울 강남에서의 본격 투자 시작 ·87

울산 투자로의 이동 ·91

다시 서울로의 투자 이동 ·94

눈이 가는 우수한 주거 환경의 부동산 ·99

서울의 노른자 강남구에서 광진구까지 ·103

코로나19 시대의 해법, 인플레이션을 예측하다 ·105

실전 투자 따라잡기 ③ ·111

제3장
부자로 이끌어줄 4가지 부동산 투자 이론

투자 이론 ① 대자본의 이동 경로가 가치를 만든다 • 117

투자 이론 ② 부동산 투자의 접점 이론 • 121

투자 이론 ③ 상대적 저평가 • 124

투자 이론 ④ 희소성의 법칙 • 126

샐러리맨에게 최적의 투자처, 주거용 부동산 • 128

유 과장의 투자 Know-How • 131

실전 투자 따라잡기 ④ • 136

제4장
부동산 시장 트렌드와 투자 준비

팬데믹 이후의 부동산 • 141

다가오는 지방도시의 소멸 • 143

똘똘한 한 채의 가격 상승 • 146

저가 아파트의 소멸 • 148

외곽에서 도시 중심으로 • 150

상위 1% 부자의 자산 • 153

조금만 돌아도 종잣돈은 모아진다 • 155

주변의 부자 스승 찾아 나서기 • 157

조정지역에 대한 이해 • 159

취득세 중과 유예 조건 알기 • 162

인터넷 정보 검색 및 부동산 여행 • 164

실전 투자 따라잡기 ⑤ • 167

부록 1

아직도 저평가된 수도권 아파트 2選

서울 관악구 관악휴먼시아 1·2단지   •173

경기 군포시 당정동 동도센트리움(도시형)   •175

부록 2

5년 20억 자산 만들기 추진 계획 사례

투자 전략 설계의 방향   •181

새 정부의 부동산 정책을 기본으로 한 투자 설계   •183

지방의 저평가된 지역을 주목   •185

불황에 빛을 발하는 분산형 투자   •194

규제의 허들을 넘어   •196

틈새시장 오피스텔   •198

주목할 만한 관련 동향   •200

급등 직전의 부동산 시장 모습   •205

5년 20억 자산 만들기 추진 계획 ① - 공격형   •207

5년 20억 자산 만들기 추진 계획 ② - 안정형   •212

5년 20억 자산 만들기 추진 계획 ③ - 틈새 공략형   •215

정리하며   •218

월급쟁이 부자
유 과장의 일상

4월의
일상

　4월의 첫 출근일 6시 30분이다. 유 과장은 3월 말부터 모습을 드러내기 시작한 집 주변 벚꽃들의 아름다움을 음미하며 출근하고 있다. 가장으로서의 경제적 부담을 이미 벗어나 있는 53세의 유 과장은 그 어느 때보다 편안한 마음을 가지고 봄기운을 만끽하고 있다. 출근하다 벚나무를 바라보며 2~3분 호흡을 해본다. 5~6년 전만 해도 5분이라도 빨리 출근하기에 바빴지만 지금은 이 순간이 최우선이다.

　추운 겨울을 지나 봄이 온 것을 느끼는 순간부터 분홍빛 꽃봉오리를 드러내며 주변을 온통 분홍빛으로 물들이고, 여름에는 비타민A를 듬뿍 담은 버찌로 달콤함을 선사하기도 하며 가을에는 수놓은 한복에서나 볼 것 같은 빨간색 자태로 가을을 물들이며 겨울맞이에 도움을 주는 벚나무. 이처럼 1년 내내 친근함을 주고 있어 유 과장은 '벚나무'가 아닌 '벗나무'로 부르곤 한다.

　자동차 대기업에 부품을 납품하는 한 업체에서 과장으로 25년째 일하고 있는 유 과장은 경북의 한 전문대학을 졸업하고 서울에 있는 중견기업에서 잠시 근무하다 울산 인근에 있는 현 직장으로 이직한 이후 지금은 울산에 거주하며 살고 있다. 몇 년 전까지만 해도 온 가족이 울산에 살았지만 아이들이 서울 및 수도권 대학으로 진학한 이후에는 아내도 서울로 이주하여 울산에서는 혼자 살고 있다.

유 과장은 이처럼 울산의 평범한 직장, 평범한 위치에서 일상을 보내고 있음에도 일찍부터 '사람은 나면 서울로 가야 한다'라는 생각을 가지고 있었고 자신은 '어떻게 해서든지 서울의 부자들 틈 사이로 반드시 비집고 들어가고야 말겠다'라는 인생 목표를 가지고 있다.

주변의 작은 자랑을
너그럽게 수용하는 여유

유 과장의 옆자리에 있는 박 과장. 그는 과장이라는 직함을 쓰지만 알고 보면 명칭만 과장이고 사실상은 대리급으로, 실제 과장 직급인 유 과장에 비하면 한 직급 낮은 위치이다. 늦은 승진에 대한 자존심 때문인지 박 과장은 틈만 나면 이런저런 자랑을 늘어놓기에 바쁘다.

박 과장은 1년 전까지만 해도 공장장 직속 생산기획 부팀장으로 회사의 중장기 플랜을 기획하는 일을 하였다. 하지만 지금은 직접 생산부문의 팀원으로 밀려와 유 과장과 동일한 팀원에 불과하다.

오늘도 박 과장의 자랑이 아침부터 시작되고 있다. 7년 전 사놓은 울산의 오피스텔에서 월 60만 원 월세를 받고 있으며, 게다가 시골에 있는 처가에서 매년 쌀, 과일, 채소 등을 지원받아 200만 원 정도를 꾸준하게 저축 중이라는 자랑을 늘어놓는다. 벌써 5~6번은 듣는 얘기이다.

"제발 내 앞에서는 돈 자랑하지 마!"라고 소리치며 "재건축 추진을 위해 만들어진 서울의 광진구 W아파트의 재건축 밴드 내역을 보여줄까?" 하는 충동마저 느낀다. 하지만 금세 마음을 추스르며 "와, 대단하네요. 부럽습니다. 과장님이 성실하시니 가족들도 모두 착해서 벌써 부자가 되셨네요!" 하면서 이런저런 칭찬을 추가해준다.

"이미 아들 몫으로 1억 원은 준비되어 있어요. 좋은 혼처 있으면 알아봐주세요. 저는 4~5년 지나 퇴직하면 처가가 있는 시골에 내려가 텃밭이나 가꾸며 여유롭게 생활할 예정입니다." 우쭐하며 추가로 자랑을 늘어놓는다.

울산 남구에 4억 원 중반대 자가 아파트를 소유하고 있는 박 과장에 비해 수십 배가 넘는 부동산을 보유하고 있는 유 과장은 박 과장의 작은 자랑에 빙그레 웃음을 지으며 너그럽게 박수를 보낸다.

건너편에 자리 잡은 김 부장은 수년 전의 주식 실패로 살던 아파트마저 매각한 이후, 아직 집을 마련하지 못하고 울산 변두리의 아파트에 전세 거주 중이다. 돈 좀 있다고 자랑하는 박 과장의 빈번한 자랑을 못마땅하게 여긴다. 둘이 업무 외에도 사사건건 부딪히는 경우가 많다. 실제 직급 대리로 인사고과를 크게 신경 쓰지 않는 박 과장에게 김 부장은 더 이상 눈치 볼 대상이 아니다.

눈높이가
빈부를 가르다

　유 과장의 회사는 대기업의 1군 업체에 불과하지만 점심 이후 오후 2시 전후로 직원들에게 간식을 지급한다. 생산공장인 탓으로 주로 과자나 빵 등이 음료와 함께 제공된다. 주로 최근 입사한 사원급 직원들이 번갈아가며 간식을 타 와 활용도가 낮은 별도 테이블 위에 올려놓고 자율적으로 간식을 가져간다.

　물질이 풍요로운 요즘 시대, 간식에도 호불호가 뚜렷한 20~30대 직원들에게 마땅치 않은 간식은 선택을 받지 못하는 경우가 허다하다. 하지만 50대를 넘은 몇몇 이들에겐 남은 빵과 과자는 하루의 관심사이다. 남은 박스를 치우는 척하며 간식을 챙기기에 바쁘다. 매일같이 1~2명은 간식 챙기기에 바쁘다. 그들은 남은 간식을 차지하는 데서도 작은 행복을 찾고 있는 것이다.

　유 과장은 꼭 필요할 경우에는 주말에 출근을 하지만, 보통 주말의 경우에는 주변 아파트 지역을 돌아보거나 평일에 발췌한 부동산 동향 관련 신문기사를 읽는 데 시간을 할애한다. 이와 같은 인생 패턴이 이미 15년이 넘어 서울, 수도권과 영남권의 웬만한 부동산 동향은 현지를 가보지 않아도 충분히 이해가 가능한 전문가 수준이다.

회사 안에서 얻을 수 있는 작은 물건에 만족하거나, 다른 사람의 불행을 기뻐하는 식의 작은 행복에 만족하는 삶을 추구한다면 인생 내내 부와는 거리가 먼 시간을 보내게 될 것임을 이미 잘 알고 있기 때문에 납품처인 대기업의 수요를 맞추기 위해 실시하는 주말 또는 공휴일 특근에도 가급적이면 참여하지 않는다. 유 과장은 최근 들어 더더욱 이와 같은 특근 대신 바깥세상의 변화와 동향을 체험하는 데 주력한 자신의 선택이 옳았음을 확신하고 있다.

현존하는 최고의 주식 투자자 워렌 버핏은 "당신이 일생에서 큰 실수만 하지 않는다면 몇 번의 투자만으로도 부자가 될 수 있다"라는 명언을 남긴 바 있는데, 유 과장은 하루에도 몇 번씩 그 글귀를 바라보며 반드시 부자가 되겠다는 목표를 다짐하곤 한다.

부의 세계에도
기운은 존재한다

유 과장보다 4살 위인 사촌 형 유명철

지방의 공대를 나와 수도권의 공기업에 취업한 사촌 형 유명철. 그는 같은 회사에 근무하는 부인을 만나 맞벌이로 모은 자금에다 회사의 저리 융자금을 더해 남들보다 빠른 30대 중반에 서울 목동의 60평대 주상복합아파트, 소위 똘똘한 아파트 한 채를 마련한 이후로 지금까지 돈에 구애받지 않는 풍요로운 생활을 하고 있다. 20년 전에 소위 '영끌'로 마련한 7억 원대의 아파트가 매년 지속적인 상승을 보이다 지금은 30억 원 이상의 가격대에서 호가를 형성하고 있기 때문이다. 이후 여유자금으로 마련한 지방의 전원주택 투자와 주식 투자 등에서 큰 수익이 나지 않았음에도 30대 중반의 과감한 투자 한 방으로 보통의 급여 생활자는 꿈꾸기 힘든 여유로운 생활을 하고 있는 것이다.

일 년 중 명절이나 집안 행사 때 가끔 만나는 사촌 형 명철씨는 집안의 대소사 모임에서 결코 돈 쓰기에 인색하지 않다. 우연한 기회를 통하여 사촌 형은 유 과장이 부동산에 있어 상당한 일가견이 있어 부동산 재산이 상당히 있음을 짐작함에도, 아는지 모르는지 비용 지불에 있어서는 항상 유 과장보다 앞서며 더 많은 액수를 지불하곤 한다.

유 과장이 보기엔 자신이 사촌 형보다 훨씬 많은 부를 소유하고 있다. 하지만 사촌 형은 이상하리만큼 여유가 있고 긍정적이며 주변 사람들에게 관대하다. 자녀들도 요즘같이 명문대 가기 힘든 세상에 모두 명문대에 입학시켰고 큰아이는 국내 최고의 직장에 이미 입사까지 했다. 술술 풀린다. 인생에 있어서 유 과장의 롤모델이다. 재테크는 제외하고.

친구 누나 수경 씨

중학교 때부터 알게 되어 지금까지 친분을 유지하고 있는 절친 경수 씨에게는 서울의 E여대를 졸업한 자랑스러운 누나가 있다. 방학 때 몇 번 보곤 했지만 그리 친절하지는 않은 친구 누나였다. 서울의 부동산을 꽤나 소유한 집안의 아들과 결혼하였는데, 남편과 사별한 지금에도 물려받은 풍족한 재력을 바탕으로, 최근 시세로 50억 원은 족히 넘는 한 건물에서만 매달 800만 원의 월세를 받고 있다(참고로 그는 이 부동산을 2년 전 은행 대출금을 끼고 32억 원에 매입했다).

하지만 최근 우연치 않게 친구 집에서 그 누나를 보고 깜짝 놀란 적이 있다. 남편을 여의고 친구 집 인근에서 살고 있는 그녀는 평범, 수수함 그 자체였던 것이다. 친구 말에 의하면 자신에게는 소비에 있어 엄격하면서도 주변 친지나 부모님을 위해서는 아낌없이 자신의 생활비의 많은 부분을 할애하고 있다고 한다. 친구 경수 씨의 경우도 매일같이 반찬을 갖다주는 누나 덕에 생활비 절감 효과가 제법 적지 않다고 한다.

  큰 사회 경험 없이 물려받은 재산에만 의존하고 있는 수경 씨였지만 일상화된 베풂의 좋은 기운은 그를 부의 우산 안에 머물게 하고 있는 것 같다.

양 과장의 텃밭 농사, 최 과장의 먹방 농사, 유 과장의 부동산 농사

같은 회사에 근무하는 동갑내기 양 과장은 입사 동기는 아니지만 입사 연도가 비슷하다는 이유로, 또한 자녀들도 비슷한 시기에 중고등학교를 다니는 등 공통점이 많아 친구처럼 지내는 사이이다.

살고 있는 전원주택 인근에 작은 텃밭을 가꾸는 양 과장은 매년 4월 초 봄비가 내린 후면 5월 파종에 적합한 습도를 보존하기 위해 밭의 땅을 비닐로 덮어주는 작업을 한다. 이후 적당한 시기가 되면 방울토마토, 상추, 오이, 배추, 고추, 무 등 한 해 동안 식구들이 먹을 채소를 파종하고 온갖 정성을 다하여 가꾼다. 직장생활을 하며 텃밭 농사를 하는지라 가끔은 평소보다 일찍 퇴근하여 작업을 하는 경우도 있다. 이제 텃밭 가꾸기는 취미이자 즐거움이 되어버렸는데 최근 들어 특히 신경을 쓰는 것은 친환경 농법이다. 처음에는 무농약으로 재배를 했는데 작황이 좋지 않은 경우가 많아 지금은 TV와 인터넷을 통해 배운, 막걸리에 허브액을 섞어 만든 친환경 농약을 뿌려주곤 한다. 비가 너무 안 와도 걱정이고 너무 많이 오면 고랑 막힌 곳을 정리해주어야 하는 등 신경 쓰는 일이 적지 않지만 매달 조금씩 자라는 채소들의 모습만 보아도 즐겁고 뿌듯하다. 특히 가뭄, 태풍 등으로 농작물 가격이 상승한다는 뉴스가 나오면 아내나 아이들 앞에서 우쭐해지기까지 한다.

생활비 절감에다가 남는 여유분을 주변 지인들에게 나눠주는 대가로 받는 부수입까지 포함하면 연간 수십만 원은 버는 셈이다. 친환경 재배임에도 작황도 좋고 시중에서 판매되는 농작물들에 비해 외관도 전혀 뒤지지 않아 주변의 칭찬이 대단하다. 더 달라는 데가 많다. 퇴직 후에는 밭을 임차하여 친환경 재배 사업까지 해볼까 하는 생각까지 가지고 있다. 옆 팀에 근무하는 유 과장에게 같이 텃밭을 가꿔보자고 제안해도 수년째 묵묵부답이다. 당장은 생활비 아끼는 데도 도움이 되고 노후 준비에도 도움이 되는 텃밭 농사에 소극적인 유 과장은 물론이고 그의 아내 강 여사도 도통 이해가 안 된다.

내년이면 결혼 25주년을 맞는 최 과장은 유 과장보다 한 살 위지만, 유 과장과 같은 해에 과장 승진을 하여 같은 차수에 승진자 교육을 이수한 이후로 친구처럼 지내는 사이이다. 그는 몇 년 전 아내 황 여사에게 찾아온 유방암 이후 특별한 경우가 아니면 매 주말마다 황 여사가 좋아하는 맛집을 찾아 외식을 하곤 한다. 항암치료 이후 아내가 식욕을 잃고, 건강 상태가 안 좋아진 이후로 음식 준비하는 재미도 잃어버렸기 때문이다.

최 과장은 매주 수요일 퇴근하게 되면 아내와 주말 계획 논의하기에 바쁘다. 매달 최소 100만 원 이상은 먹방 취미에 쓰는 것 같다. "사는 게 별거 있나? 먹는 게 남는 것이다"라는 그의 소신에는 변함이 없다. 32평 아파트가 마련되어 퇴직 후 주거생활에는 문제가 없는 상황에서,

퇴직금에 저축을 더하면 3~4억 정도의 현금은 마련될 것으로 예상되기 때문에 노후 걱정은 없다. 최근 간호대학을 졸업한 외동딸이 인근 종합병원에 취업까지 하게 되어 큰 욕심 없이 살기로 했다.

유 과장은 서울, 수도권에 있는 자신의 부동산 전세권 갱신 계약 때문에 일 년에 수차례는 서울에 오간다. 다가오는 주말에도 약속이 잡혀 있다. 2년 연장을 원하는 세입자가 다가오는 토요일 13시 선릉역 인근 커피숍 주소까지 문자로 보내왔다. 기존 대비 5% 인상 예정이다. 계약하면서 세입자의 요구사항이 있는 경우가 있어 계약할 때면 항상 부담스럽다. 아내 강 여사는 부부 소유 주택의 임대보증금이 싼 편이라며 추가 요구사항 등을 단호히 거절할 것을 매번 주문하지만 유 과장의 생각은 다르다. 집에도 기운이 있어 살고 있는 세입자가 사는 동안 기분 좋게 살고 편안하게 살아야 집값도 잘 오른다고 믿고 있다. 유 과장은 살고 있던 세입자가 이사 갈 때 '잘 살다 갑니다'라는 문자를 보낼 때마다 보람을 느낀다. 가끔 싱크대 교체나 도배, 장판을 새로 해줄 경우에도 가급적 너무 싼 재료는 피한다. 세입자는 자신의 고객이라 생각하기 때문이다.

다행히 이번 주 갱신 계약을 하는 세입자는 별다른 요구사항이 없다. 매년 초, 유 과장은 세입자들 전세 만기일을 체크하곤 한다. 이사 나가는 경우는 인근 부동산들을 통하여 새로운 세입자를 구하고 이에 따라 수반되는 크고 작은 집수리 등을 울산에 거주하며 처리하려니 번거로운 경우가 많다. 세상에 공짜는 없다. 유 과장이 받는 경제적 이익은 이러한 번거로움에 대한 대가라고 생각한다. 다주택자에게 우호적인 분이 새롭게 대통령에 당선되다 보니 거래도 활성화되고 가격도 다소 상승하리라는 기대감이 있다.

거지와
왕자

  유 과장은 현재 월세 17만 원하는 울산 도심 외곽의 허름한 원룸에 살고 있다. 그의 집 주변에는 새로 지은 원룸이 제법 있는데 한 원룸 단지는 화단마저 널찍하게 마련되어 있어 유 과장은 창문 너머로 보이는 그곳의 화단을 통하여 계절마다 피고 지는 꽃이며 나무들을 바라보면서 계절의 변화를 느끼곤 한다.

  월세 17만 원 외에 추가 부담하는 수도요금과 전기요금이 약 16,000원 정도, 가스요금은 가구당 별도 계량기에 따라 개별 부담하고 있다. 울산 중심부는 아니지만 광역시 원룸치곤 허름하다 해도 최저 수준이다. 작동이 안 되어 형식상으로 걸려 있는 에어컨으로 인하여 여름에는 온몸에 땀이 넘쳐흐른다. 그나마 맨 위 3층에 위치하여 다른 사람 눈에 잘 안 띄는 까닭에 여름에는 상의 런닝 없이 지내는 경우가 허다하다. 그나마 작동되어 저녁에 유용하게 사용하는 TV는 리모컨 고장으로 손으로 일일이 버튼을 눌러가며 채널을 이동시킨다. 내림 방향 버튼은 고장 나 올림 방향 버튼만 눌러대며 TV를 시청하곤 한다. 이미 냉장실은 고장 나 냉동실만 작동하는 냉장고 때문에 김치를 겨울철에는 부엌에 보관하고 여름에는 냉동실에 보관한다.

욕실을 겸하는 부엌에는 샤워기가 이미 망가져 있어 수도꼭지 밑에서 몸을 왔다갔다하며 샤워를 한다. 부엌 한켠에는 망가진 짤순이가 자리하고 있다. 왜 안 버리고 있냐고 스스로에게 물어본다. 가끔 방 안 형광등 갈 때 디딤대로 쓰기 위함이다.

유 과장이 울산의 싼 집에서 살고 있다는 것만 알고 있지, 그의 아내 강 여사는 와본 적이 없다. 강 여사와 두 자녀 또한 서울 서대문구의 아파트에서 월세로 살고 있다. 정확히 말하면 보증금 1억 원에 월세 85만 원 하는, 소위 반월세집이다. 사사건건 간섭하는 젊은 집주인에게 시달리며 살고 있음을 잘 알고 있기에 유 과장은 울산의 집과 관련한 불평을 강 여사 앞에서 일절 꺼내지 않는다.

이런 유 과장이지만 그의 휴대폰 주소록에는 10개가 넘는 세입자 전화번호, 20여 개의 부동산 중개사무소 전화번호, 단골 법무사와 세무사의 전화번호가 저장되어 있다. 서울 강남에는 그가 소유한 강남 5채의 아파트를 관리하는 전담 부동산 중개사무소도 있다. 그가 그 부동산에 어쩌다 방문할 때면 "사장님, 요즘 사업은 잘되세요?"라며 부동산 사장은 유 과장을 사업하는 사람으로 대접하곤 한다.

그가 소유한 광진구의 W아파트는 재건축 추진 중으로, 한때 서울의 최고 부촌으로 군림하며 고관대작들이 살던 아파트다. 지금도 주차장에 가보면 외제차가 주를 이룬다. 그가 가입한 아파트 소유자 밴드에는 4성 장군 출신, 변호사, 국회의원, 회사 대표 호칭을 가진 사람들로 가득하다.

유 과장은 현재 자신이 살고 있는 울산의 허름한 원룸에서 재건축
후면 서울의 최고가 아파트로 변모할 곳에서의 생활을 꿈꾸며 스스로
를 '거지와 왕자'라 칭하곤 한다.

부자를 꿈꾸게 만든
기억들

　아직도 현직에서 보고서도 쓰고 현장도 뛰어다니는 유 과장은 퇴직 후 주변 환경이 좋은 널찍한 아파트에서 아침에는 우유를 곁들인 프렌치토스트와 과일로 식사를 하고, 식사 후엔 가끔 아파트 인근의 산책로를 거닐며 일과를 시작하는, 여유 있는 노후를 꿈꾼다. 퇴직 이후에 생활비에 보탬이 되는 소일거리만 찾는다면 그의 인생 목표는 거의 다 이루게 되는 셈이다.

　그에겐 꼭 돈을 많이 벌어야겠다는 몇 번의 다짐의 기억들이 있다. 그 첫 번째 사건은 어릴 적 지방의 읍소재지에서 다녔던 초등학교 5학년 시절, 옆자리에 앉았던 여학생에 대한 기억이다. 시골 읍내 양조장집의 막내딸이었던 여학생은 읍내에서는 제법 부유한 집의 딸이라, 점심때에는 집에서 일하는 젊은 아가씨가 찾아와 도시락을 직접 건네주곤 했고, 그의 엄마도 2~3개월에 한 번씩은 학교에 찾아와 본인의 딸인 그 여학생에게 짓궂은 행동을 하던 애들을 혼내주곤 했다. 막연한 동경심인지 질투심인지 모르지만 어릴 적부터 좋은 대학에 가서 돈을 많이 벌어야겠다는 기억을 만들어준 당시를 지금도 가끔 떠올리곤 한다.

그리고 두 번째 사건은 20대에 군에 입대하여 7월의 무더위 속에서 논산훈련소에서 각개전투를 하며 반드시 성공하여 원치 않는 일은 하지 않으며 살리라 다짐했던 기억이다. 다른 사람에 비해 운동신경이 무딘 편이었던 유 과장의 기억 속엔 군대생활 기간 동안의 기억이 썩 즐겁지만은 않았다.

세 번째 사건은 3~4년 전까지만 해도 그가 모시고 있던 중역과의 충돌이 계기가 되었다. 그의 직속 라인 중역이었던 김 전무는 다소 원칙적인 유 과장의 업무 스타일이 자신에게 맞지 않았던지 시시콜콜 시비를 걸고 회의 장소나 회식 장소에서 면박을 주기 일쑤였다. 그리고 최근 이곳 생산팀에 현재의 직무로 오게 된 것도 김 전무의 영향이었을 것으로 짐작한다. 그에게 면박을 받을 때마다 "내가 김 전무 당신보다 금전적으로는 반드시 승리할 것이다"라고 다짐하곤 했다. 조직 슬림화에 일가견이 있던 김 전무는 이후 계열사 대표를 거쳐 1년 전 회사를 완전히 떠나게 되었다. 김 전무 밑에서 일할 당시에는 힘들었는지 모르지만, 그때의 악연이 유 과장에게는 전화위복이 된 셈이다.

회사 일에 열심인 이유

유 과장은 법적으로나 회사 기준으로나 정년퇴직이 만 60세임을 알고 있지만 현실적으로 정년을 채우기는 어렵다는 사실을 잘 알고 있다. 과장이 되어버린 까닭에 노동조합의 보호를 받지 못하기 때문이다. 하지만 회사에 출근하면 근무할 때까지 주어진 일에 충실하리라 다짐하곤 한다. 긍정적인 마음을 가지고 회사에 조금이나마 보탬이 되기 위해 열심히 매진하는 것이다.

주변 사람들에게는 어떻게 해서든지 정년까지 근무해보려고 발버둥치는 모습으로 보일지 모른다. 유 과장은 회사에서 지난 20여 년 이상 꾸준히 급여를 받음으로써 그가 투자할 수 있는 기회가 주어졌고 그 투자의 결실들이 결과로 나타남에 따라 자신이 이뤄낸 자산의 원천인 회사에 감사하고 있는 것이다. 충분한 자산이 모였다고 해서 당장 퇴직 후 쉴 생각은 없다. 자신의 일을 하는 것이 꿈인 유 과장으로서는 아직은 충분하게 준비되지 않았다고 생각하기 때문이다.

미래에 자신의 일을 준비하는 유 과장에게 현재 직장 근무 중에 느껴지는 직장 동료들의 행동, 소비 습관, 이야기 등은 충분한 창업 영감이 되고 있기 때문에 회사에서의 모든 순간은 소중한 시간들이다.

수도권 가구 평균 자산 6억 3,000만 원 vs 비수도권 가구 평균 자산 3억 8,000만 원

수도권 가구의 평균 자산이 비수도권 가구 평균 자산 대비 65.8% 많은 것으로 나타났다. 자산뿐 아니라 소득도 수도권에 집중된 것으로 나타났다. 전국 가구 총 경상소득 1천 257조 원 중 수도권 가구의 총 경상소득은 672조 3,759억 원으로 절반 이상을 차지했다. 비수도권 가구의 총 경상소득은 584조 2,235억 원으로 집계됐다. 가구당 평균 경상소득은 수도권 가구가 6,718만 원, 비수도권 가구가 5,560만 원으로 나타났다.

통계청의 관련 데이터를 분석한 결과 2021년 기준 전체 가구의 총자산은 1경 310조 원으로 나타났다. 이 중 수도권에 사는 1,000만 8,759가구가 가진 총자산은 6,310조 원(가구당 평균 약 6억 3천만 원)으로, 전체의 61.2%를 차지했다. 비수도권 가구 1,050만 7,969가구의 총자산은 4,000조 원(가구당 평균 약 3억 8천만 원)으로 나타났다. 수도권 가구의 총자산이 전국 가구 자산의 60%를 차지한다는 분석이 나온 것이다.

수도권 가구의 경우 비수도권 대비 경상소득은 20.8% 많은 데 비해 평균 자산은 65.8% 많다는 사실에 주목해야 하는데, 그 핵심은 말할 나위 없이 부동산에 있음을 명심할 필요가 있다.

한국의 부자 수 연도별 추이

서울의 부유한 세입자,
부유한 집주인

서울, 경기의 중심 지역에 부동산 소유를 목표로 한 채씩 매수해가며 목표를 향해 가던 유 과장은 그가 만난 서울의 부유한 세입자들로 인하여 그가 가고 있는 투자의 방향이 틀리지 않았음을 확신하곤 한다.

유 과장의 부유한 세입자 중 한 사람은 서울의 사립대 김 교수다. 그의 이름을 인터넷에 검색해보면 그는 국내 최고의 명문대 출신으로 미국의 명문대 유학을 마치고 귀국해서 서울의 한 사립대에서 교수로 재직하면서 국가기관 자문위원으로도 수년째 활동 중이다. 김 교수가 유 과장이 소유한 한 아파트에 전세로 이사 오기 전날, 직전 살던 집에서 전세금도 되돌려받기 전에 7억 원의 전세보증금을 유 과장에게 입금하여 깜짝 놀라게 한 바 있는데 김 교수는 평소에 7억 원 이상의 현금 자산을 보유하고 있는 현금 자산가인 것이다.

또 한 사람은 특별한 직업 없이 미국에서 오래 생활하다 귀국하여 유 과장의 한 아파트에서 2년간 세입자로 살다가 다시 해외여행을 떠나겠다며 고급 가구들을 그대로 남기고 떠난 이 선생 부부. 나이가 들었음에도 여전히 품격 있는 미모를 소유한 부인의 외모나, 그들 부부의 재무 능력으로 보아 이 선생이 아닌 이 사장이라 불리는 게 정확할 것 같은 이 선생 부부는 돈에 구애받지 않고 자유로운 삶을 사는 것으로 보아 서울 어디엔가 수천만 원의 월세가 나오는 건물의 소유자일 것으로 추정하고 있다.

한때 미스터리했던 세입자, 수협의 이 지점장. 그는 유 과장이 소유한 강동구 아파트에 5년째 거주 중인데, 5년 전 처음 계약 시에는 50세 가까운 나이에 집을 사지 않고 6억 원에 가까운 전세금을 주고 거주하는 것이 다소 의아스럽게 생각되었던 사람이다. 유 과장은 최근 두 번째 연장 계약을 하면서 그 또한 적지 않은 재력의 소유자임을 알게 되었는데, 이 지점장은 최소 5억 원대의 주식을 보유하고 있고 30억 원이 넘는 강남의 아파트 입주를 앞두고 있는 자산가였던 것이다.

유 과장의 경우 외형상 많은 부동산을 소유하고 있지만 현금 동원력은 빵점이다. 대출금이 아직도 7억 원 정도 남아 있다. 그런 유 과장에게 수억 원의 현금을 항시 보유하고 있는 서울의 세입자들은 놀라움 그 자체일 수밖에 없다.

부동산에 '영끌'하며 아직도 울산의 허름한 집에서 월세로 살고 있는 유 과장, 그는 2008년 금융위기 직후 당시 소유했던 서울 광진구 소형 아파트의 전세 계약 종료에 따른 반환금을 구하지 못해 급매로 팔았던 아픈 기억이 있는데, 최근 한 언론 매체를 통해 보도된 것처럼 '원하는 조건이 아니면 과감히 빈집을 고수'하고 있는 부유한 강남 집주인들의 사례는 새삼 서울 사람들의 재력을 실감케 해주고 있다.

서울 대단지 아파트의 빈집 이야기

서울 송파구 잠실동에 있는 대장 아파트 '엘스·리센츠·트리지움'에 집주인도, 세입자도 살지 않고 있는 빈집이 꽤 있는 것으로 알려졌다. 집에 문제가 있어 살지 않는 게 아니다. 집주인이 원하는 가격에 월세를 받고 싶어 하고, 세입자는 임대료로 더 저렴한 가격을 원하다 보니 벌어진 현상인 것이다.

집주인들은 보유세 부담을 전가할 세입자를 기다리고 있다. 한번 계약을 체결하면 4년가량 임차를 줘야 하는 '임대차 3법' 탓에 임차인을 골라 들이는 셈으로, 현 상황에서 빈집이 많다는 얘기는 '임대차 3법만 아니면 매물이 더 나올 것'이라는 얘기로 추정 가능하다.

송파구 잠실동에 있는 '잠실엘스' 전용 84㎡는 2022년 4월, 보증금 10억 원에 월세 70만 원 및 보증금 5억 원에 월세 160만 원에 체결됐다. 같은 해 1월 보증금 5,000만 원에 월세 400만 원으로 올해 들어 가장 높은 수준의 월세 계약을 맺은 바 있다.

2022년 상반기 들어 '잠실엘스'에서 체결된 계약 중 공개된 내용은 총 30여 건인데, 이 가운데 조금이라도 월세를 낀 계약은 17건으로 전체 계약의 절반 이상을 기록했다. '리센츠'나 '트리지움'도 비슷하다. '리센츠'에서 맺어진 월세 계약은 54.44%를, '트리지움' 월세 계약은 전체 계약의 75.00%를 차지했다.

한 부동산 관계자에 따르면 '잠실엘스'를 보유한 한 집주인 A씨도 수

개월째 집을 비워두고 있다. 원하는 가격에 세입자를 찾고 싶은데 아직 입주를 희망하는 세입자가 나타나지 않아서다. 그는 "당장 자금이 급한 게 없고 보증금이 필요한 게 아니라 월세가 필요한 부분"이라며 '언젠가 계약되겠지'라는 생각으로 집을 비워두고 있다고 한다.

수요와 공급이 맞아떨어져야 거래가 되는데, 집주인들이 제시하는 가격과 실수요자들이 원하는 가격이 맞지 않을 경우 빈집으로 있는 경우가 꽤 있는 현 상황은 매매가든 전세가든 서울 강남의 공급자 우위의 시장 상황을 보여주며 꾸준히 우상향 가능성을 나타내는 한 단면이다.

부자 아빠 로버트 기요사키의 가르침

유 과장은 자라면서 서울에서 명문대를 졸업한 형 명한 씨와 교류가 그리 많지 않았다. 공부 잘한 형과는 달리, 이성에 대한 호기심이 강한 중고교 시절을 보낸 탓이다. 그렇다고 남들이 부러워할 만한 이성친구를 만나 멋있는 러브스토리를 만든 것도 아니다. 그런 유 과장이 형에게서 유독 관심을 가진 것이 있었는데 그것은 바로 형 명한이 읽은 책들이었다. 방학 때면 내려오는 형의 책들을 유심히 관찰하다 우연히 발견한 것은 로버트 기요사키의 『부자 아빠 가난한 아빠』이다. 우연히 빌려 읽었다가 자신의 것으로 만들어버렸는데, 유 과장의 부동산 투자에 대한 꿈을 만들어준 책이다.

『부자 아빠 가난한 아빠』의 저자 로버트 기요사키의 아버지는 하와이주 교육감으로 성공한 일본계 미국인이었지만 평생 금전적으로 쪼들렸고 자식들에겐 지불해야 할 청구서를 남긴 '가난한 아빠'였다. 기요사키에겐 어린 시절 또 다른 '부자 아빠'가 있었는데, 친구 아버지이자 사업가였던 '부자 아빠'이다. 부자 아빠로부터 부자 되는 법을 배웠는데 월급쟁이라는 노예가 되지 말고 자기 사업을 시작하라는 것이 핵심 메시지이다.

유 과장은 또래보다 앞선 부자 아빠의 도전 정신에 주목한다. 부자 아빠는 남들이 30세 전후에나 경험 가능한 비즈니스 체험을 훨씬 빠른 12~13세부터 접함으로써 어린 나이에 비즈니스 감각을 터득했으며 경제 흐름을 보는 안목 또한 빨리 발달했다는 점을 주목했다. 자신은 비록 4년제 대학은 못 나왔지만, 서울 명문대로 진학한 형 명한보다 뒤질 게 없다는 생각을 가지고 있었던 유 과장은 형을 앞설 수 있는 것을 찾은 것이다. 가급적 빨리 취직해서 돈을 모아 부동산을 사고, 재투자하는 과정을 거쳐 형 명한을 금전적으로라도 앞서고야 말겠다는 승부욕을 이때부터 구체화하게 된다.

유 과장은 시간이 날 때마다 로버트 기요사키의 가르침을 스스로에게 다짐하곤 한다.

"월급 모아서 부자 되는 사람은 없다. 은행에 저축해봤자 이자가 몇 퍼센트나 되는가. 금융 지식이 중요하다. 내 재산의 상당 부분은 부동산으로 모았다."

오감은 제한적이다. 관심을 가지고 찾는 것은 언뜻 봐도 잊히지 않지만 아무리 귀한 것이라 해도 그것을 알아보는 안목이 없으면 가까이 있어도 그 가치를 알아보지 못한다. 유 과장은 젊었을 때부터 돈과 부동산에 대해 관심을 많이 기울임으로써 그의 제한된 오감을 '부'를 보는 쪽으로 극대화한 로버트 기요사키처럼 되고야 말겠다는 다짐을 이미 30세가 되기 전부터 하고 있었다.

세상을 내 중심으로 보다

• 고위공직자 출신 박 선생

지인을 통해서 알게 된 정부의 한 부처 과장 출신인 박 선생은 7급 공채로 공직에 입문하여 퇴직 시에는 해당 부처의 과장까지 역임한 고위공직자 출신이다. 퇴임 후에도 중소기업에서 3년여 고문을 하면서 대관 업무를 총괄하기도 했다.

이분 또한 오래전 마련한 평촌 아파트에서 거주하며 대기업 우량주 중심으로 여윳돈을 투자하며 노후를 설계했다. 동년배들보다 늦게 결혼한 탓에 자녀 2명을 모두 퇴직 이후에 출가시키게 되는데 부족한 자금을 마련하기 위해 살고 있던 부동산을 2019년 매각한다. 가지고 있던 주식은 곧 오를 것 같고 연말까지 버티면 배당도 받기 때문에 부동산을 파는 것이 더 나을 것이라는 판단을 하게 된다.

결국 그 집에 사는 조건으로 매도하게 되는데, 2019년 하반기부터 평촌 지역 아파트 가격이 본격 상승세를 보임에 따라 5억 원 중반대에 매도하였던 박 선생의 아파트는 3년이 지난 2022년 3월 거래가 9억 2천만 원을 보여주고 있다. 정년퇴직을 하고 70세를 목전에 둔 지금, 올라 버린 4억 원의 가치를 따라잡기가 불가능하게 되어 집 매수는 포기한 상태가 되어버렸다. 내년이면 지금 살고 있는 전세가로는 이미 올라버 린 32평형 전세가를 맞추기 어려워 살림을 줄이고 25평형으로 이주해 야 하는 현실이 아주 갑갑하기만 하다.

• 공학박사 김 교수

경북의 한 사립대학 산업공학과의 김 교수는 서울 명문대에서 박사 학위를 취득하고 20여 년째 산업공학을 강의 중이다. 주전공인 산업공 학 외에 행동경영학에도 관심을 가진 그는 그의 연구 분야는 물론, 관 련 부문 토론에 있어서 누구에게나 자신 있는 이론가이며 원칙주의자 이다. 따라서 확실하지 않으면 투자도 좀처럼 하지 않기 때문에 결혼 후 오랫동안 아파트 한 채와 은행 예금만을 고수해왔다.

그러다 수년 전, 지금 살고 있는 곳 인근 혁신도시의 아파트 분양 초 기단계에 투자하여 5~6천만 원의 수익을 남긴다. 이후 자신을 얻은 탓 인지 이제는 이전보다 큰 물건인 상가에 과감한 투자를 한다. 장사를 해본 경험이 없는 그였지만 영화관이 입주하는 상가라는 말을 듣고 주 저 없이 매수 결정을 내린다. 평소 부동산 투자에 비판적인 입장에 있 었던 그였지만 가격을 특별히 깎아준다는 제안에 도장을 찍은 것이다.

장고 끝에 악수라고, 그 유명한 투자의 늪 '신도시 상가'에 손대고 만 것인데 팔아버리자니 3억 원은 손해를 봐야 하는 상황에서 최근까지 세입자를 구하지 못해 수개월째 공실 상태에서 관리비만 납부하고 있 다는 얘기를 들은 바 있다.

· 잘나가는 오 상무

부산 소재 대학의 기계공학과를 나와 대기업 계열사의 울산 소재 기업에서 근무 중인 오 상무는 현재 생산본부장으로 근무 중이다. 차기 대표이사 후보로도 일찌감치 자리매김하며 활발한 직장생활을 하고 있다.

그의 모범적인 성격 탓인지는 몰라도 그는 신혼 초기 마련한 회사 인근의 32평 아파트에서 10여 년간 살다가 여윳돈이 마련되자 같은 아파트 48평형으로 옮기게 된다. 32평 아파트를 보유하다 2년 뒤에 팔라는 주변의 권유를 뿌리치고 매도한 뒤 여유자금은 무조건 은행에 저축하고 있다. 근검절약하면서 1년에 몇천만 원씩 불려가는 재미도 나름의 보람이 있으리라 생각되어 동년배인 오 상무의 인생관에 이러쿵저러쿵하고 싶지 않았다.

다만 인플레이션 속도가 빨라지는 요즘, 현금이 노후를 보장해주기 어려운 환경이 됨에 따라 회사 내에서의 성장 못지않게 자산 증식의 중요성도 커지고 있다. '취미생활 한다'라는 마음을 가지고 주말에만 조금의 관심을 기울여도 가능한 부동산 투자에 관심을 가진다면 지금보다는 훨씬 편안한 노후가 기다리고 있음을 조언하고 싶다.

"LOW RISK, LOW RETURN."

부자 스승이 없다

· 지방 의사 김 선생 부부

김 선생은 지방의 한 의과대학을 나온 피부과 전문의이다. 그는 어릴 때부터 의사가 되어 돈도 많이 벌고 큰 병원을 운영하는 것이 꿈이었기 때문에 전문의를 따고 얼마 후 지인들과 지방의 한 중형 병원을 인수하여 운영하게 된다. 계획대로라면 2년 안에 빌린 대출금을 상당 부분 상환하고 병원을 하나 더 인수해야 할 계획을 세울 시점이지만, 병원 경영을 시작한 지 6개월 만에 그 지역에 의과대학 부속병원이 개원하게 되어 어려움을 겪다가 끝내 정상화를 시키지 못하고 재매각하게 된다.

50세를 넘은 지금은 대학 선배의 병원에서 페이닥터로 일하며 아파트 한 채만을 보유하고 있다. 2021년 상반기 코로나로 인한 유동자금의 증가로 서울·경기권 아파트 가격이 상승할 때 아내의 고집으로 울산 삼산동의 아파트를 매각하고 노원구의 아파트를 매수한다. 부인 이씨가 서울 친구들의 부동산 자랑에 마침내 노원구 아파트 매수를 결정한 것이다.

그동안 크게 오르지 않았던 울산의 매각한 아파트는 전년에 비해 3~4천만 원이 올랐다. 하지만 작년 일부 대출을 받아 매수한 노원구의 아파트는 고점에 잡은 탓인지 최근의 거래가가 매수가 대비 1.5억 원이나 떨어진 가격에 거래되어 부인 이씨의 상심이 크다.

• **퇴직한 선배 박삼용 씨**

고등학교 선배 박삼용 씨는 울산의 대표적인 자동차 회사 생산공장에서 3년 전 정년퇴직하였다. 생산공장의 장비를 수리, 보전하는 보전부서와 품질관리부서에서 근무하면서 성실성과 전문적인 기술을 인정받아 대표이사의 표창을 여러 차례 받기도 했으며 직원들과의 친화력도 높아 직장생활은 그에게 하루하루가 즐거운 나날이었다. 하지만 정년을 2~3년 앞두고 고정적으로 수입을 얻을 수 있는 부동산에 대한 고민을 하던 차에 회사 인근의 대지 40평대 2층 단독주택을 매수하게 된다. 노후에 살 목적이 아니라, 월수입 200만 원이 가능하리라는 계산이 있었기 때문이다.

그가 매입한 2층 단독주택은 1층에 주인 세대용 집 외에 원룸 3세대, 2층에도 원룸 4세대로 구성되어 구입 당시 울산의 원룸 시세로 계산 시 세대당 월 30만 원의 수입이 가능함에 따라 최소 월 200만 원 수입이 충분히 가능한 구조였다. 하지만 현재는 조선 경기가 하락하면서부터 현대중공업, 현대자동차 공장 인근 원룸에 공실이 크게 증가하여 최근에는 세입자 구하기가 하늘에 별 따기가 됨에 따라 박삼용 씨는 최근에 살던 아파트를 매각하고 매입한 단독주택 1층으로 입주하게 된다. 세입자가 없는 공실 여기저기를 손보는 데 한 달을 소비했지만 비워진 공실 채우기가 쉽지 않았기 때문이다. 30여 년 이상의 직장생활 이후 노년 생활이 그리 녹록지 않다. 고정수입이 없는 상태에서 그동안 모아둔 현금이 조금씩 줄어드는 현실이 답답할 따름이다.

유 과장이 박삼용 씨와는 조언을 할 정도로 막역한 사이가 아니어서 지켜만 보는 입장이지만, 인플레이션 효과가 울산의 아파트 가격에도 영향을 끼쳐 가격 상승의 조짐이 보이는 지금 기존 아파트까지 매각한 박삼용 씨의 결정은 위태로워 보인다. 금전적 여유가 있는 경우라면 울산 북구 지역의 공시가격 1억 원 미만 아파트를 대상으로 몇 채 투자라도 해야 할 시점에, 가지고 있던 아파트마저 팔아버린 것이다.

운에 의존하다

· 시청의 부부 공무원 양 주무관

부인과 같이 시청 공무원으로 근무하는 양 주무관은 최근 들어 주민들의 잦은 민원으로 인해 피곤하다. 피곤하다 못해 짜증날 때도 많다. 그럴 때마다 역술원을 찾아 상담을 하며 위안을 받곤 한다. 역술인이 시키는 대로 하니 골치 아픈 일이 생각보다 잘 풀린다. 외아들의 대학 입시 때도 상담해보니 역술인이 지목하는 방향으로 자녀가 합격하기까지 한다. 최근 들어 2~3달에 한 번은 역술원에 들르곤 한다. 양 주무관의 동기들은 이미 팀장 자리에 오른 경우가 많은데 본인은 아직 주무관으로 머물러 마음이 바쁘다. 하반기 있을 노조위원장에 도전해볼까 하는 생각에 역술원에 상담해보니 "도전한다면 주변 사람들의 도움을 받아 될 운세"라고 한다. 당선만 되면 시청의 국장들도 무시 못하는 자리로, 팀장인 동기들보다 훨씬 승진하는 셈이다. 될 운세라 하니 아내를 설득해서 기필코 출사표를 던질 계획이다.

재테크에서 이상하리만큼 일이 안 풀리는 양 주무관, 역술인에 물어보니 "주식보다 부동산에 더 맞는다"라고 족집게처럼 맞춘다. 3년 전에만 역술인을 만났으면 주식 투자 안 하고 부동산에 투자하여 지금쯤 48평 아파트는 마련했을 텐데 하는 아쉬움이 있다.

주식으로 돈 번 사람은 우리나라 국민 중 5%도 안 된다. 아무에게나 던져도 맞는 말인 것이다. "위안되는 말에 현혹되어 인생을 맡길 것인가? 아님 철저한 조사와 경험으로 자신의 인생을 개척할 것인가?" 한 번뿐인 인생에서 노력 없이 운에만 맡기기에는 우리에게 주어진 시간은 그리 길지 않다.

직진형, 돌격형 투자

오늘날 대부분의 사람은 부자를 꿈꾼다. 이는 산 정상에 오르는 것에 비유할 수 있다. 인간의 욕망을 자극하는 상당수의 멋진 산은 마치 부자가 되는 방법처럼 그 정상까지의 길이 그리 순탄하지만은 않다.

그럼에도 불구하고 대부분의 사람들은 처음부터 가장 빠르고 가파른 길을 통해 오르는 길을 택하려 한다. 특히 명문대를 나왔거나, 전문직이거나, 사업을 하면서 인생에서 큰 실수를 해보지 않은 사람들은 과감히 주식, 가상화폐, 상가 등에 무리한 투자를 한다. 지금까지 그들의 인생이 남들보다 빠른 성과를 거둬왔듯이 남들보다 어떻게든 빨리 가기에 바쁜 것이다. 무리하게 도전하다 운 좋게 성공하는 경우도 있겠지만 성공은 그에 도달하는 것을 쉽게 허락하지 않는다.

부자를 따라 하기에는 일정한 준비가 필요함에도, 부자를 향한 '직진형, 돌격형' 추진으로 큰 상처를 받고 좌절하는 경우가 많은 것이 현실이다. 거리상으로 가장 가까워 보이는 가파른 암벽 쪽으로 직진하는 것이 아니라, 다소 멀더라도 돌아가는 곳에 정상에 오르는 가장 안전하고 빠른 길이 있음을 기억할 필요가 있다.

• 사업가 전 대표
농수산물 수입으로 연간 150억 원대의 매출을 가진 사업체의 전 대표는 유 과장의 절친 중 한 명이다. 고등학교 졸업과 동시에 상경하여 농수산물 유통업체에 입사하여 그 성실성을 인정받아 입사 10년 만에 부장이 된다. 사업 총괄을 하다 후계자가 없는 창업자의 뒤를 이어 7년 전부터는 대표가 되어 회사를 운영 중인데 처가의 도움을 받아 회사를 인수하여 오너가 된 것이다.

인수 이후 빌린 돈도 거의 상환하고 회사가 정상화 궤도에 오른 4년 전, 지나친 자신감이었는지 여유자금 수천만 원을 우연한 기회에 바이오 테마주에 넣었다가 10여 일 만에 1억 원의 수익을 올리게 된다. 그게 독이 되었는지 스스로 전문가가 되어 무리한 투자에 집착하게 된다. 손실로 전환된 이후에도 본전 생각에 테마주를 중심으로 집중 투자하며 이 주식, 저 주식 옮겨다니는 생활을 반복하다 손실이 눈덩이처럼 커지게 된다. 아내 몰래 고금리로 수억 원의 대출을 받게 되고, 수억 원의 회사 자금을 차입하는 등 죽음의 그림자마저 주변을 맴돌게 된다. 성실하게 살아온 50여 년의 인생에서 처음 접하는, 인생 최대의 암흑기를 경험하게 된 것이다.

당연히 사업에도 소홀하게 되어 매출 감소로 이어짐은 물론이고, 직원들의 이직 사태도 발생한다. 자신감 상실로 대인 관계도 기피하게 됨은 물론, 정신적인 공황까지 경험하게 된다. 전 대표 부인을 통하여 전 대표의 위기 상황을 전해들은 유 과장은 우연을 가장하여 전 대표를 만나게 된다. 조금 시간이 걸리더라도 부동산 투자를 통한 손실 메우기를 조언한다. 다행히도 친구 유 과장의 조언을 기꺼이 받아들인다.

대세 상승기의 후반기로 다소 늦은 감이 있었지만 2019년 말부터 상대적으로 덜 오른 관악구, 구리시 외곽, 보라매공원 인근의 주상복합아파트 등에 투자를 한다. 다행히 투자의 틈이 있었던 시기였다. 상대적으로 덜 오른 지역에 대한 과감한 투자를 통하여 수억 원의 투자 손실을 만회하고 지금은 본업인 농수산물 유통 사업에 매진하고 있다. 사업은 물론 가정도 안정화되어 전 대표의 부인 이 여사도 지역 자원봉사에서 다시 활발한 활동을 하고 있다.

시골에서 상경한 자수성가형 사업가 전 대표는 위기 상황에서 절친 유 과장의 도움으로 빠른 기간 내에 제자리로 돌아왔지만, 많은 평범한 사람들은 회복하지 못하고 가정불화로 이어지는 경우가 대부분이다. 부에 대한 도전의 실패 이면에는 가정파탄이라는 무서운 결과가 기다리고 있음을 기억할 필요가 있다.

2020년 (1) 상대적 저평가된 수도권 아파트의 발견
- 구리시 인창동 아파트

2014~2015년부터 시작된 서울의 아파트 가격 상승 파동은 강남4구, 마용성, 노원, 도봉 등을 중심으로 높은 상승세를 보이다가 정부의 강한 가격 상승 억제 정책으로 2019년 말경 주춤하게 된다.

당시 경기도만 해도 서울 강동구와 인접한 구리시의 경우 도심 대부분 지역의 아파트 가격이 32평형 기준으로 평균 1억 5천 이상의 상승세를 보이고 있었다. 투자할 만한 지역을 찾아보니 구리 인창동 일부 지역, 관악구, 동대문구 나홀로 아파트, 신도림동 오피스텔, 보라매공원 인근의 신대방동 대형 주상복합아파트 등이 아직 가격 상승에서 뒤떨어져 있는 것이 보인다. 개인적으로 보라매공원 인근의 대형 주상복합아파트가 가장 매력적이다. 하지만 투자자금이 부족하다. 투자자금 기준으로 적합한 투자처를 좁혀보니 5천만 원 내외로 투자 가능한 구리 인창동 외곽 지역이 보인다. 아직은 안 오른 지역이다. 구리 인창동 금호어울림아파트의 경우는 이곳저곳을 돌아보다 한 부동산 사장님의 얘기 속에 구리에서 부동산 상승이 가장 늦게 이뤄지는 곳이라는 말에 힌트를 얻어 달려간 곳이다. 가보니 연식 대비 깨끗하고 인근에 우리나라에서 가장 큰 규모의 왕릉이 조성된 동구릉 인근이라 공기도 좋다. 지하철 8호선 연장선 역이 도보 10분 거리이고 시내버스로는 한 정거장 거리이다. 인터넷 검색을 해보니 전세 매물이 대체로 귀하다. 자동차 전용도로 인근이라 소음이 클 거라는 선입견이 있는 곳이지만 생각보다 괜찮아 보인다.

구리시의 경우는 유 과장이 사촌 처남의 부탁으로 알아본 경우로, 8층의 34평형과 5층의 28평형 매물이 있다. 개인적으로는 서향이긴 하지만 봄철이면 동구릉 산등성이의 꽃들이 한눈에 들어오는 34평형이 맘에 든다. 하지만 처남은 상대적으로 투자비가 저렴한 28평형을 선택한다. 28평형이라도 화장실 두 개가 있어 이 또한 괜찮다. 방향도 남향이고 아파트 입구에 위치하여 보안에도 강점을 보인다.

당장 입주가 어려운 유 과장의 사촌 처남은 5천만 원으로 흔쾌히 매수 도장을 찍는다. 저평가된 매물의 발견이라 유 과장은 회사 동료 1명과 동생에게도 인창동 금호어울림아파트 34평형을 권유했는데 본인들이 익숙하지 않은 지역이라 그런지 별다른 반응이 없다. 약 2년이 지난 지금 5천만 원 투자한 사촌 처남은, 현재 호가 기준 6억 원 전후로 3억 원 가량 올랐다며 기뻐한다.

경기 구리시 금호어울림아파트 단지 정보	
사용 승인일	2006년 6월 30일
토지 이용률	용적률 244% / 건폐율 24%
세대수	235세대 (총 5개동)
면적 구성	93㎡, 105~106㎡
주소	경기 구리시 인창동 709

☆ (당시) 구리 인창동 금호어울림아파트 28평형 핵심 투자 포인트

- 28평형인데 화장실 2개, 방 3개로 좋은 구조. 당시 구리의 대부분의 집값이 1억
  ~1.5억 원 이상의 상승 시기에 전혀 오르지 않은 상태
- 자동차 전용도로 인근 지역이긴 하지만, 가보니 소음이 크게 없음
- 아파트 단지가 튼튼하게 지어져 연식에 비해 깨끗하고 쾌적함
- 지하철 8호선 연장 노선 인근으로, 개통 시 잠실역 30분 거리
- 전세가가 높아 5천만 원으로 1채 매수 가능

참고 - 용적률과 건폐율		
용적률	어떤 토지 위에 지어진 토지 대비 전체 건축물 면적의 비율을 나타내는 수치	예를 들어 100평의 땅에 1층 30평, 2층 10평, 3층 10평으로 지어진 경우는 건평 합계가 50평이 되어 용적률 50%가 된다.
건폐율	어떤 토지 위에 지어진 1층 건축물의 비율을 나타내는 수치	예를 들어 100평의 땅에 1층 30평, 2층 10평, 3층 10평으로 지어진 경우는 1층 건평이 30평임에 따라 건폐율 30%가 된다.

제1장

부자를 꿈꾸던 신입사원 시절

부자를 꿈꾸던 신입사원 시절, 그리고 첫 투자 실패

부자 직장 선배들

1990년대 중반 서울의 중견 부품업체에서 처음 직장생활을 시작한 유 과장은 입사 초기 본사 물류팀에서 근무하게 되는데 해당 부문에 유독 서울 출신의 부자 선배들이 많았던 기억이 있다. 대리 한 사람은 서울 토박이로, 은행 지점장을 역임한 부모님의 강남 48평 아파트에서 신혼생활을 하고 있고, 과장 한 사람은 목동에 자가를 소유하고 있었으며, 또 다른 과장은 분당의 48평형을 분양받아 살고 있었다. 또한 회사 대표 다음으로 서열이 높았던 당시 40대 초반의 신 전무는 회사 인근 서초동의 48평 자가 아파트에서 출퇴근하고 있었다.

지방 출신으로 관악구 신대방역 인근의 반지하 방에서 직장생활을 시작한 유 과장은 비가 많이 올 때면 펌프 용량 한계로 물이 넘치곤 했던 지하 방에서의 당시 생활이 새삼 떠오른다. 유 과장의 당시 생활이 안타까웠는지 선배 과장 한 분은 대출이 필요하면 보증을 서주겠다고 했는데, 막상 대출 서류를 준비할 때는 도장을 집에 놓고 왔다며 이런 저런 변명을 늘어놓더니 도장을 찍어주지 않았던 아픈 기억이 있다. 유 과장은 많지 않은 월 급여로 지하 방에서 직장생활을 한 반면, 선배들은 대부분 4~5억 원 하는 부모 집이나 자가에서 출퇴근하고 있었던 것이다. 요즘 시세로 20억~30억 원 하는 아파트들이다.

선배들이 부자이니 유 과장이 돈 내는 일이 거의 없던 것은 좋았다. 그들은 돈에 크게 구애받지 않고 직장생활을 하니 서울의 맛집들을 많이 알고 있었는데, 그때만 해도 우리나라가 지속 성장하는 시기여서 그런지 저녁 일과를 마치면 회식도 많았다. 직원들끼리 음식을 기다리면서 한쪽 방에서 고스톱을 치기도 하며 나름 낭만이 있던 직장생활 초반, 그 시기가 새삼 그리워지기도 한다.

하지만 당시 유 과장은 이상하리만큼 기죽지는 않았다. 당시 선배들의 풍요로워 보이는 일상생활은 열심히 일하는 원동력이 되었으며 '반드시 부자가 되고 말겠다'라는 각오를 다지는 계기가 되었다.

초라한 집에서의 신혼생활

입사 2년 만에 유 과장은 군 제대 후 친구 누나의 소개로 만난 강 여사와 결혼을 하게 된다. 하지만 크게 모은 돈이 없는 탓에, 의정부역 인근의 다세대에서 신혼생활을 시작하게 되는데 강 여사가 신혼 초 아이를 갖기 전까지는 직장생활을 하겠다며 직장을 잡은 곳이 동두천의 한 기업이었기 때문이다.

아침마다 당시 유행하던 가수 송대관 씨의 '차표 한 장' 노랫말처럼 "나는 하행선~ 너는 상행선~" 하면서, 유 과장은 고속터미널 인근의 회사로 출근을 하고, 강 여사는 당시 비둘기호를 타고 의정부에서 동두천으로 출퇴근하곤 했다.

당시 의정부역 앞쪽은 나름 깨끗하게 정비되어 있었지만 역 뒤쪽 오른편은 낡은 집들이 주류를 이루고 있었던 시절로, 보증금 1,000만 원에 작은 방이 2개인 다세대 1층에서 신혼을 시작하였다. 소득이 높지 않은 세입자들끼리 사는 집이라 이웃집끼리 음식을 만들면 서로 가져다주기도 하며 교류도 잦았다. 부족한 것이 있으면 잘 빌려주기도 하는 인심 좋은 동네에서의 생활이었다.

신혼 초, 처가 식구들을 불러 집들이를 하고 직장 동료들을 초대하기도 했는데 그곳을 떠나고 몇 년 후에 가보니 초라함 그 자체였다. 초라함 속에서도 왠지 모를 자신감으로 시작한 서울에서의 첫 직장생활은 지금 생각해보니 부를 만들기 위한 자신감을 다지는 중요한 시기로 작용한 것 같다.

종잣돈으로 덤빈 첫 투자의 실패

직장생활 4년 차, 아내 강 여사와 맞벌이를 하니 약 3천만 원은 모아졌다. 경력이 쌓이니 대출도 3천만 원까지 가능한 상황에서 의정부역 인근 신규 아파트 미분양분에 대한 선착순 계약 공고가 보인다. 의정부역 뒤편 중견 브랜드의 신규 아파트 단지 2층에 미분양이 있는 것이다. 계약금만 내고 나머지는 입주 시 내는 조건이라 한번 해볼 만하다. 강 여사도 경험이 없는 까닭에 알아서 하라고 한다. 2층의 복도 끝집이라

고민은 되었지만 빨리 내 집을 마련하고 싶은 마음이 크다. 계약에 서명하고 계약금 920만 원을 입금한다.

계약을 마치고 나니 예상보다 돈이 남는다. 인근 멀지 않은 곳에 아파트 상가 분양하는 코너가 눈에 띈다. 2층 세탁소 옆자리가 아직까지 미분양이다. 뒤이어 아파트 2차 단지까지 추가로 분양한다고 하니 상가가 제법 활성화될 듯싶다. 5,300만 원에 2층 11평형을 분양받으면 월 15만 원은 받을 수 있다고 하니 괜찮아 보인다.

하지만 1년 뒤 아파트 입주 시기에 상가가 완공되어 오픈했는데 예상과 달리 세입자 구하기가 쉽지 않다. 6개월간 세입자가 없어 관리비만 월 3~4만 원씩 부담하게 되어 골치가 아프다. 분양만 받으면 세가 나가겠지 하는 막연한 생각으로 매입하였던 상가 임대가 내 마음대로 되지 않는 것이다.

몇 개월을 더 버티다 인근 부동산에 매물로 내놓는다. 매수가 5,300만 원보다 싼 3,700만 원이면 사겠다는 매수자가 있다고 한다. 투자 1년 만에 이런저런 비용까지 하면 피 같은 돈 2,000만 원 투자 손실이다.

지금 생각하면 당시 실패에 대해 바가지 긁지 않고 재기를 독려해준 강 여사에게 감사하다. 투자 제대로 못 한다고 은행 저축이나 착실히 하라고 했으면 지금 그냥 그저 그런 삶을 살았을 유 과장 가족인데, 투자에서만큼은 궁합이 맞는 부부이다.

부자를 꿈꾸게 만든
배경 이야기

별 생각 없는 고교 생활을 하다 공업전문대학을 졸업하고 자동차 부품 회사에서 20여 년이 넘게 직장생활을 하고 있는 유 과장이지만 대하사극을 보는 것을 좋아하고 여행 프로그램을 선호하며 세상 돌아가는 현상과 이치에 대한 궁금증이 많다. '다가올 미래는 어떻게 될 것인가?' 등등.

하지만, 회사에서는 직원들이 의사결정할 수 있는 것은 아주 제한적이다. 주어진 범위 내에서 최선을 다한다고 하지만 상위 직책자들과 의견이 충돌되면 대부분 그들의 의견을 수용하곤 한다. 그럼에도 불구하고 재테크에서만큼은 명문대를 나와 미국에 이민 가서 주유소를 하고 있는 형 명한 씨보다도 많은 돈을 모으고야 말겠다는 경쟁심과, 몇 년 후면 현실화될 퇴직 시점에 가족들에게는 안정적인 자산을 마련해주겠다는 분명한 목표가 있다.

그가 현재 일하고 있는 생산공장은 주 5일제라 하지만 아직도 일 9시간, 주 6일제가 일상화되어 있다. 직장생활을 하는 동안에는 꾸준히 급여가 지급됨에 따라 중산층 생활을 하는 데 그리 큰 어려움이 없는 까닭에 외부에서 보면 그리 나빠 보이지 않는 근무 조건으로 보인다. 하지만 먼저 퇴직한 선배들의 퇴직 이후의 삶은 그리 편안해 보이지 않는다. 울산 또는 그 인근 지역에 마련된 집 한 채와 현금 일부를 가지고 자녀들 결혼 뒷바라지라도 하고 나면 그 이후부터는 빡빡한 현실에 직면하게 된다. 우리나라 산업 발전에 숨은 공로자들인 산업체 근로자들은 오랫동안 아무 생각 없이 일만 하는 패턴에 길들여져 있기 때문이다. 물론 그들 자신의 탓이 가장 크다.

하지만 유 과장은 산업현장에서 근무하는 이들도 노후에는 부자가 되어야 한다는 생각을 가지고 있으며, 그가 지금까지 해왔던 것처럼 울산 너머로의 세상에 관심을 기울인다면 충분히 지금보다는 나은 미래를 준비하는 데 도움이 될 것으로 확신한다.

힘든 삶 속에서 행복해야 할 직장인들

요즘 주변 지인들에게 "요즘 사는 것이 어떠십니까?" 하고 물어보면 열에 여덟은 힘들다고 대답한다. 그 이유는 다양하지만 부동산도 그 이유 중의 하나가 되고 있다. 퇴직 후를 대비해서 무엇인가를 계획하는 사람, 또는 현재 자영업을 하는 사람이라면 비싼 임대료나 권리금이 주된 골칫거리일 것이며, 결혼이라는 새로운 출발을 하는 젊은 층이라면 비싼 주거비용이 그 이유가 될 수 있다. 현재의 수입이 만족스럽지 않다는 사실만으로 지금 삶이 힘들다고 하지만, 최근에 부동산 가격이 오르지 않았다면 요즘처럼 힘들지는 않았을 것이다.

우리가 체감하지 못하는 사이 부동산을 따라잡지 못하면 우리는 물론 우리의 후손마저 힘든 삶에서 헤어나지 못할 수도 있음을 유 과장은 그동안의 경험을 통해 잘 알고 있다. 급여가 적다는 이유로, 아니면 우선 구매할 다른 물건이 있다는 이유로, 투자 여력이 없다는 이유로 불평하며 시간을 보내는 상황의 순간에도 부동산 가격은 꾸준히 오르고 있다. '부동산=투기'라는 이미지를 만들어 보통 사람들에게 함부로 투자해서는 안 되는 대상으로 만들어놓고 부자들과 거대 자본은 부동산을 통하여 부를 축적하고 있다. 투자와 투기는 엄연하게 다르다. 투기는 값어치가 없는 대상에 대해 다양한 부풀리기 방법을 동원해서 비싸게 팔아치우는 것인데 비해, 투자는 그 가치가 저평가되거나 미래 가치 향상이 예견되는 물건에 대해 사전 매입을 하는 것으로 본질 자체가 다르다.

투자를 게을리한 샐러리맨은 영원할 것 같았던 그 쳇바퀴 같은 삶에서 빠져나오는 순간 뒤늦은 후회를 할 것이다. 어쩌면 이 시대의 부자들과, 이들과 결탁한 거대 매스미디어들은 평범한 샐러리맨들이 일정한 급여에 감사하며 투자에 관심을 기울이지 않고 달콤한 소비에 안주하면서 목표감 없이 바쁘게만 살기를 바랄지도 모른다.

세상에 태어난 모든 사람들은 행복할 권리를 가지고 이 땅에 태어나는데, 특별히 이를 절실히 느끼는 때가 몇 번 있다. 첫 번째는 결혼식에 참석해서 새로운 인생을 시작하는 부부들의 모습을 볼 때이다. 유 과장은 지인이나 친척들의 결혼식에 참석할 때면 이날만큼은 왕자, 공주가 된 젊은이들의 모습을 보면서 모든 사람은 행복할 권리를 가지고 태어난다는 사실을 확인하곤 한다. 두 번째는 남자들에게만 해당되는 경우지만 군 입대식을 볼 때이다. 그 자리에서 자식의 무사 귀환을 간절히 기원하는 어머니들의 눈빛을 바라보며 모든 사람들은 10개월 동안의 고통을 감내하며 낳은 그들 어머니들의 바람을 생각해서라도 잘되고 행복해야 할 의무가 있음을 느낀다. 이처럼 특별히 남자들에게는 아내와 어머니, 두 여자를 행복하게 해줄 의무가 있다.

부모님 모두 80대 중반이 된 요즘, 유 과장은 일주일에 한두 번은 시골에 계신 어머니와 전화 통화를 하며 어린아이가 되곤 한다. 어머니가 아직도 건강하신 것에 감사를 드리며, 어머니가 계신 이유가 자신의 삶의 이유인지도 모른다는 생각을 할 때도 있다.

요즘 주변에서 "인생 뭐 별거 있나?" 하는 말을 어렵지 않게 들을 수 있다. 맞는 말이다. 별거는 없지만 어머니와 아내, 두 여자들을 행복하게 해줄 최소한의 의무를 생각해볼 때 일정한 자산 유지는 행복을 위한 최소한의 기본 조건이 되어가고 있다.

리더를 믿어서는
안 되는 사회

　역사를 좋아하는 유 과장이 가장 존경하는 위대한 왕 세종은 그를 호칭할 때에도 다른 왕들과는 달리 대왕이라는 수식어를 붙이는 것이 훨씬 자연스럽게 느껴진다. 세종 이전에는 중국의 한자를 빌려 쓰는 상황에서 일반 백성들은 글을 배울 기회조차 없었다. 그렇기에 평범한 백성들은 세상의 흐름을 주변의 구전을 통하여 파악하는 삶을 살고 있었다. 당시 국가를 운영하는 지배층들은 무지한 백성들이 굳이 많이 알아 좋을 것 없다는 생각을 가지고 있었던 것인데, 국가의 지배층인 지식층과 부자들은 정보의 통제를 통하여 분배에서 유리한 위치를 고수하고자 했던 것이다. 이와 같은 맥락에서 한글 창제 이후에도 지배층은 여전히 한시를 즐기며 자신들의 문서를 한자로 기록하며 소통하였다. 한글은 언문이라 칭하며 주로 부녀자층 위주로 사용되고 그 쓰임이 한정되었다.

　오늘날은 어떤가? 국가의 법률만 보아도 용어가 한글로 되어있지만 그 의미는 여전히 한자가 주류를 이룬다. 국민들에게 어려운 표현이 여전하다. 쉽게 표기하고 그 의미를 단순화하는 것이 어려워서일까? 사회의 지배층은 결코 일반인들과 동일한 정보의 공유를 원치 않는 것이다.

4년제 대학교를 다니지 못한 유 과장이지만, 우리나라 대학교에서는 돈이 무엇인지, 돈을 어떻게 벌고 불려야 하는지를 정확히 알려주는 곳이 없다고 본다. 요즘 입사한 신입사원들을 통해 전해들은 바에 의하면 경제학과, 경영학과 등 상경계열 학과가 그나마 관련 학과라 할 수 있는데 경제학과만 해도 요즘에는 미국의 영향을 받아서인지 수학, 통계학 중심의 기법으로 강의가 이루어지고 있다고 한다. 2~3학년을 마친 학생이라도 경제신문을 읽고 이해하기가 쉽지 않다는 게 관련 사람들의 의견이다. 경영학과 역시 회계, 재무, 마케팅 등 기업에서 필요한 다양한 과목을 배울 수 있지만 체계적으로 돈이 무엇인지를 알기는 어려워 보인다. 유 과장의 경험에 의하면 일류대학을 나와 대기업에 입사한 사람과, 고등학교만 졸업하고 시장에서 장사를 한 사람 중 돈이 무엇인지 정확히 아는 사람은 시장에서 장사한 사람이다. 유 과장 개인적으로도 시장에서 오랫동안 장사를 해온 사람들 중에서 소위 알부자 몇 명을 알고 있다.

이런저런 사회의 조직에 소속되어 살고 있는 일반인들에게 요즘은 존경할 만한 리더를 찾아보기 힘든 시대가 되어가고 있다. 최근에 끝난 대통령 선거만 해도, 선거의 핵심이 정책 공약이 아닌 후보자 측근의 부정 문제가 핵심을 이루었고 작년에 보선을 치른 서울시장과 부산시장 선거만 해도 전임자들의 부정한 사생활이 그 원인이었다. 현재 일하고 있는 회사의 대표나 노조위원장들은 진정 직원들과 노조원을 위한 삶을 살고 있는가? 자본주의가 심화됨에 따라 각각의 리더들도 리더의 자리에 오르면 자신들의 자산을 불리는 데 최우선 시간을 할애하고 난 후 여력이 되면 그 이후 국민들이나 조직원들의 삶을 돌보는 행태가 눈에 띄게 많아졌다.

평균 재산 26억 2천만 원인 국립대 총장, 중앙부처 고위공무원의 17%는 여전히 다주택자

2022년 국립대 총장들의 평균 재산이 26억 원으로 집계됐다. 이원희 한경대 총장이 110억 원으로, 지난해에 이어 가장 많았는데 지난해 11월 공개 당시의 98억 6,907만 원보다 크게 증가한 110억 4,824만 원을 신고했다. 이 총장은 국립대 총장 중 유일하게 100억 원 넘는 재산을 보유했을 뿐 아니라 이번 재산 공개 대상자 1,978명 중 중앙부처 소속 상위 4위에 자리했다.

2022년 대학교육연구소의 「국립대학 총장 등 재산현황」 보고서에 따르면 전국 32개 국립대 총장들은 평균 26억 1,970만 원의 재산을 신고했다. 평균적으로 재산 2억 1,036만 원이 늘어난 것으로 나타났는데, 이는 올해 정부공직자윤리위원회 관할 재산 공개 대상자의 신고 재산 평균인 16억 2,145만 원을 10억 원가량 웃돈다.

전임 문재인 정부가 다주택자 보유세 부담을 높이는 동시에 다주택 보유 고위공직자에게 "집을 팔라"라고 종용해왔음에도, 중앙부처 고위 공직자 6명 중 1명꼴로 여전히 2채 이상의 집을 가진 것으로 나타났다. 138명의 중앙부처 다주택 고위공직자는 정부의 강력한 다주택자 규제에도 아랑곳없이 문 정부 임기 끝까지 기존 주택을 사수한 것이다. 윤 석열 신임 대통령은 다주택자 관련 규제를 완화할 예정이라, '주택 보유 수'를 두고 벌인 눈치싸움에서 결국 다주택 고위공직자들이 최종 승리 를 거둔 모양새가 되었다.

정부 정책을 리드하고 사회 여론을 조성해야 하는 교육계의 리더 및 고위공무원들이 다주택자의 반열에서 빠져나오길 주저하고 있으며 정 부의 방침 따르기에도 소극적이다. 그들 또한 한 집안의 가장으로서 우 량 지역의 부동산 소유가 한순간의 권력보다 소중함을 잘 알고 있기 때문이다.

인원구조조정 능력이 곧
기업 경쟁력인 시대의 도래

얼마 전 막을 내린 KBS 주말 대하드라마 '태종 이방원'은 유 과장이 즐겨 보던 최애 프로그램이었다. 드라마 후반부에서는 태종이 왕권을 쥔 상태에서 다음 왕권을 물려줄 후계자를 선정하는 내용이 주류를 이루며, 우리 역사상 가장 뛰어난 왕 세종의 왕자 시절 이야기가 상당 부분 소개된다.

세종의 시대, 국가 내부적으로는 우리글이 만들어지고 해시계가 전국 곳곳에 보급됨은 물론이고 강우량을 측정하는 측우기 개발과 새로운 신무기 개발 등 다양한 실용학문이 융성하였다. 또한 대외적으로는 함경도 북부 지역에 6진을 설치하여 새로운 국토를 개척하는 등의 성과로 국민들이 그 어느 때보다 살기 좋은 태평성대가 도래한다.

하지만 그에 못지않게 존경해야 할 인물은 그의 아버지 태종이다. 태종은 그의 아버지 태조를 도와 조선을 건국하는 과정에서 고려 말 충신 세력이었던 정몽주를 살해한 바 있으며 조선 개국 이후에도 왕자의 난을 일으켜 조선의 개국공신인 정도전과 자신의 이복동생인 방석, 방간 형제들까지 무참히 살해한 포악한 면을 가진 군주였다. 그럼에도 불구하고 그는 국왕으로서의 확고한 역사관을 가진 인물로서 조선의 영속성을 위해서 자신의 후계자는 반드시 새로운 국가문화를 만들 수 있는 사람이 되어야 한다는 생각을 가지고 있었다. 그 적임자로 판단한 셋째 아들 충녕대군을 세자로 삼고 충녕이 뜻을 펴는 데 걸림이 될 만한 요소들을 사전에 다 제거하였다. 구체적으로 살펴보면 태종 이방원은 왕위 계승에 걸림돌이 될 수 있는 자신의 처남들을 역모의 누명을 씌워 모두 처형하였음은 물론 세종의 장인마저 역모죄로 제거하였던 것이다.

어린 나이에 갑자기 왕위를 승계한 후 원로대신들에게 휘둘려 자신의 뜻 한번 제대로 펴보지 못한 왕이 적지 않았다. 이러한 차원에서 태종의 혜안은 높이 평가되어야 한다. 태종 이방원은 자신의 생존 시 왕권을 물려주는 세심한 계획까지 이행함으로써 500년 조선의 기틀을 마련하는 데 큰 공헌을 한 것이다.

1993년 삼성은 독일에서 발표한 소위 프랑크푸르트 선언을 통하여 당시에는 파격적인 내용, 즉 앞으로의 삼성은 '마누라와 자식 빼고는 다 바꾼다'라는 경영방침을 표명하였다. 그러한 경영방침 이후 삼성은 반도체 부문에서 명실공히 세계 1위 업체로 성장하였으며 스마트폰 시대가 본격 도래한 2010년 이후 세계 스마트폰 시장을 애플과 양분하며 국내 기업으로는 처음으로 브랜드 가치 세계 5위권 안으로 진입하였다. 해외에서 "한국은 몰라도 삼성은 안다" 하는 시대가 된 것이다.

삼성 내부의 자세한 상황은 모르지만, 삼성은 지난 30여 년간 진행해온 발 빠른 개혁 프로그램을 통하여 적재적소에 적합한 사람들을 배치했다. 이로써 다른 어떤 기업보다 빠른 속도로 신상품 개발은 물론

이거니와 다른 기업들이 감히 상상하지 못했던 목표들을 달성했을 것으로 짐작된다. 우리 역사상 태종 이방원의 개혁과 비견될 만한 삼성의 개혁 경영이지만, 앞으로의 경영 환경은 '기업 경쟁력 = 인원구조조정 능력'이라는 관점이 그려지는 것은 우려스러운 현실이다.

건설 경기의 부진과 원전 산업의 해체 등으로 요즘 어려움을 겪고 있는 두산이지만, 두산 또한 대대적인 구조조정을 통하여 성공한 대표적인 우수 기업으로 손꼽힌다. 30여 년 전만 하여도 두산 하면 맥주, 식품, 음료 등이 떠오르는 대표적인 소비재 중심의 기업이었다. 하지만 대대적인 사업군 개편을 통하여 이제는 중공업, 건설장비 중심의 기업으로 거듭나고 있음은 물론 최근에는 비메모리 관련 업체를 인수하여 반도체 업계로의 진출을 선언하고 있다. 회사는 글로벌화된 경제체제하에서 새로운 변신을 통하여 생존을 이어가고 있지만, 사업 구조의 변신 과정에서 수많은 근로자들의 적지 않은 희생이 있었음을 간과해서는 안 될 것이다.

퇴직자 수는 증가하고 신규 충원은 감소하는 은행권

2021년 기준 10개 국내 은행의 직원 수가 전년보다 2,500여 명 감소한 것으로 나타났다. 비대면·디지털화에 따라 몸집 줄이기에 나선 은행들이 희망퇴직을 확대해온 데다 채용 규모도 점차 줄고 있기 때문이다. 은행권은 해마다 임금피크제 적용 직원(만 56세)을 기준으로 인력

감축을 시행했지만 최근의 상황은 어느 때와는 상황이 다른 모습이다. 사측이 아닌 노조 측에서 먼저 나서 희망퇴직 적용 규모를 40대까지 확대하고, 조건을 강화할 것을 요구하는 이례적 풍경이 그려지고 있다.

이와 같은 은행권의 풍경을 보면 희망퇴직에 거세게 반발했던 노조의 모습과는 사뭇 다르다. 비대면 금융 전환에 따른 점포 축소와 베이비부머 세대의 인사적체 문제, 인생 2막 설계 등 복합적인 요인을 노조도 수긍하는 추세라는 것을 짐작케 한다.

한 조사에 의하면 국내 10개 은행의 직원 수가 2020년 대비 2,536명 감소한 8만 6,519명으로 집계됐다고 발표한 바 있다. 이들 은행의 직원 수는 1년 새 2.8% 감소한 것으로 나타났는데, 조선·기계, 통신, 유통, 정보기술(IT), 제약·바이오, 게임 서비스 등 21개 업종 가운데 감소율이 가장 높았다.

또한 기업은행을 제외한 모든 은행의 정규직 근로자 수가 일제히 감소한 것으로 조사됐다. 국민·신한·우리·하나 4대 은행 가운데 정규직 근로자 감소율이 가장 높은 곳은 국민은행이었다. 소매영업을 주로 하는 국민은행의 지점 감소 및 이에 따른 인원 감소는 비대면 거래 증가에 따라 더욱 가속화될 것으로 보인다. 2021년 국민은행의 정규직 근로자 수는 1만 5,503명으로 전년보다 약 4.6%(755명) 줄었으며 이어 우리은행(-3.0%)과 신한은행(-2.6%), 하나은행(-0.4%)이 뒤를 이었다.

지방의 기업과 지역경제에 의존하는 지방 은행도 사정은 다르지 않았다. 2021년 부산은행 정규직 근로자는 2,931명으로 2020년보다 약 3.3%(100명) 급감했다. 대구은행과 경남은행의 정규직 근로자 감소율은 각각 2.1%(3,043명→2,979명), 3.7%(2,372명→2,282명)로 조사됐다.

아울러 채용 문 또한 점점 좁아지고 있다. 국민·신한·하나·우리·농협 등 주요 은행의 정기 공채 규모는 2021년 1,382명으로 소폭 늘었지만 예년 평균보다는 훨씬 작은 규모라는 분석이다. 디지털화 확대에 따라 IT 인력을 중심으로 하는 소규모 공채가 당분간 지속될 수밖에 없다는 전망이 우세한 상황이다.

글로벌 시대,
심화되는 빈부격차

통신의 발달, 이동 수단의 발달로 국가 간 교역, 교류는 그 어느 때보다 증가하고 있다. 이제 주변을 돌아보면 가까운 가족 중에 외국에 거주하거나 유학 중인 사람을 찾는 것이 어렵지 않다. 유 과장만 해도 대학에 다니는 아이들 모두가 교환학생으로 미국과 중국에서 각각 1년 유학생활을 한 바 있다. 아이들이 우리나라를 떠나 해외에서 1년 정도 생활을 하고 오니 자립성도 커지고 세상을 보는 안목도 커진 듯하다.

유 과장 부부는 5년 전 결혼 20주년을 기념해 마음먹고 유럽 여행을 다녀온 적이 있었는데, 나라와 나라 사이를 손쉽게 통과하며 여행하는 시대가 되었음을 목격한 바 있다. TV만 잠깐 틀어도 외국인이 한국어를 유창하게 하는 경우를 어렵지 않게 볼 수 있으며, 동남아 출신 근로자들이 없으면 농사짓기도 어렵다는 얘기를 들은 지도 꽤 되었다. 이런 까닭인지 단일민족 어쩌고 하는 말이 우리 생활에서 없어진 지도 제법 되었다.

국가라는 영역의 경계가 허물어지는 글로벌 시대, 그중에서 우리가 가장 쉽게 체감하는 것은 시장이 개방되는 글로벌 경제화이다. '글로벌 경제화가 이렇게 가속화되는 것이 우리 삶에 도움이 되는가?'라는 질문을 가끔 스스로에게 해보지만, 유 과장의 회사만 해도 대기업에 납품하는 단가가 정해진 상태에서 전 직원이 이익을 남겨 급여를 받아갈 수 있는 것은 수공이 많이 필요한 부품들을 직접 생산하지 않고 중국과 베트남 등지에서 수입하기 때문이다. 최근 코로나로 인하여 중국 상해, 산동반도에 있는 거래처로부터의 수입이 중단되어 유 과장의 회사도 납품기한을 맞추기 어려운 경우가 많아졌다. 유 과장도 야간 근무를 하는 경우가 늘어난 것이다. 코로나로 인하여 자영업자들이 겪는 어려움에 비하면 아무것도 아니지만 오랜만에 하는 야근이 많아지니 피곤하다. 빨리 해결되길 바랄 뿐이다.

　대부분의 나라들이 상호 간의 문호를 개방하고 교류에 따른 세금을 완화하고 있는데 그런 상황 속에서 우리 경제만 참여하지 않고 소외되어 견뎌낼 수 있을까? 불가능한 이야기이다. '피할 수 없다면 즐겨라'라는 말이 있다. 하지만 경쟁력 있는 부문은 더욱 발전하고 경쟁력이 없는 부문은 위축이 가속화되어 존립조차 위협받게 됨에 따라, 온 국민 모두가 행복이 가능한 경제구조는 더더욱 기대하기 어려운 상황이 되고 있다.

　울산만 해도 현대, SK 등 몇몇 글로벌 수준의 경쟁력을 갖춘 기업과 이들 기업에 납품하는 크고 작은 기업 등으로 구성되어 운영되고 있는데, 몇 개 기업에 대한 의존도가 점차 심화되고 있음은 물론 상위권 4~5개 회사와 나머지 회사 간의 매출과 수익성에서 격차가 심화되고 있다.

개인이 당면하는 노후생활 준비 환경도 과거처럼 연금이나 은행 이자 등에 의존하여 쉽게 준비할 수 있는 시대는 지나버렸다. 또한 그 준비 환경도 갈피를 잡기 어려울 정도로 복잡해졌다. 자신의 삶에 대해서는 엄격하면서도 이런 세상에 대한 대비를 미리 해온 유 과장은 50세가 넘은 지금 자신이 노력해온 결과들이 결실을 보이는 것 같아 내심 뿌듯하고, 자신을 믿고 따라준 아내 강 여사와 자녀들에게 고마울 따름이다.

유 과장이 요즘 관심을 가지고 있는 사람 중 한 명은 징기스칸이다. 그와 관련된 책을 종종 찾아보고 있다. 그가 정복한 땅만 해도 777만 평방킬로미터에 이른다. 알렉산더대왕, 나폴레옹, 히틀러가 차지한 땅을 모두 더한 크기보다 넓다고 하니 명실공히 역사상 세계 최고의 글로벌 리더라고 불리기에 손색이 없다. 달리는 말로 구성된 기마병을 중심으로 유럽과 아시아의 대부분을 점령하였는데 그 주된 원동력에 대해 전문가들은 속도 중시, 정보화, 아웃소싱 등을 손꼽는다. 오늘날 글로벌 시대의 성공적 요소들이 이미 800년 전 징기스칸의 머리에 자리 잡고 있었던 것이다.

이처럼 인간 징기스칸은 불모지 땅인 몽골을 중심으로 무에서 유를 창조해낸 위대한 영웅임에 틀림없다. 하지만 그에게 점령당했을 아시아와 유럽의 수많은 기득권 세력을 생각해볼 필요가 있다. 멀리 찾을 것 없이 우리나라만 해도 고려시대 원의 침공으로 부마의 나라가 되어 자주권이 상실되었음은 물론, 매년 공녀라는 명목으로 많은 여자들이 엄청난 조공품과 함께 원으로 보내졌다. 원으로의 종속 이후 지속된 조공과 공녀 송출 정책으로 중산층이 몰락하고 평범한 가정이 와해되었는데, 이로 인하여 피폐해졌을 당시의 경제 상황은 역사책을 뒤지지 않아도 어렵지 않게 짐작할 수 있다.

 글로벌 경제의 시대, 외국의 대형 자본이 몰려오고 있다. 금융권 투자 상품의 이름도 어려워지고 있고 나라 경제도 글로벌 공조라는 이름으로 그 변동성이 심해지고 있다. 정신 바짝 차리지 않으면 이제 평범한 중산층이 하류층으로 이동하는 것은 시간문제이다. 이런 상황임에도 많은 직장인들은 회사에만 왔다갔다하며 살기에 바쁘다. 주말에 잠시 시간이 나더라도 멀리 가면 월요일이 피곤하니 근처 1~2시간 거리 내 가까운 곳에 바람 쐬러 나가는 정도이다. 부의 흐름을 보는 눈이 제한될 수밖에 없는 이유인 것이다.

준비하지 않으면
당신도 예외가 될 수 없다

　다른 평범한 샐러리맨들과 마찬가지로 유 과장은 평일 퇴근하면 주로 하는 소일거리가 TV 시청이다. 요즘은 그 어느때보다 채널이 다양해져서인지 볼 만한 프로그램이 많아졌다. 퇴근 후 저녁식사를 한 뒤 주로 음악 관련, 오락 관련 프로그램을 즐기곤 하는데 그러다 보니 연예인들의 소식을 심심치 않게 접하곤 한다.

　몇몇 사례를 들여다본다. 2013년 말 국내 한 케이블 TV 채널을 통하여 원조 한류스타라 할 수 있는, '노란 샤쓰 입은 사나이'를 부른 원로가수 한명숙 씨의 근황이 소개된 바 있다. 정부 보조금에 의지하며 혼자 임대아파트에서 근근이 살아가는 모습이 보도된 바 있다.
　7080세대 남성들의 영원한 우상, 2021년 세상을 떠난 영화배우 고 신성일 씨는 80세가 훌쩍 넘은 나이까지 남성적인 매력을 발산하며 세상을 떠나기 1~2년 전까지도 많은 중년 남성들의 롤모델이 된 바 있다. 그는 500여 편이 넘는 영화에 주연으로 활약한 우리 영화계의 역사적인 인물로, 출연 횟수와 출연료를 감안하면 사망 시 최소 수백억 원의 유산을 남겼어야 함에도 말년의 인생을 경북 영천의 한 전원주택에서 소박한 일상을 보내며 수년 전 결혼한 장남의 결혼식에조차 돈 한 푼 보태지 않았다는 내용이 보도된 바 있다. 노후에 대한 대비가 잘되지 않은 까닭이다.

한때는 잘나갔지만 말년이 어두운 사례는 일반인의 경우에서도 어렵지 않게 찾아볼 수 있다. 몇 년 전 TV 프로그램 '세상에 이런 일이'에 소개되었던 송선희 씨는 고려대학교 사학과에 입학하여 졸업 시에는 대학교 전체 수석을 차지한 수재로, 미국 인디애나 주립대학교에서 석박사 학위를 받고 미국의 하버드 등 최고의 대학에서 강사 생활을 하였다. 귀국 후에는 정신문화연구원에서 교수 등을 역임하였는데, 50대 초반에 이런저런 사정으로 직업을 잃게 된다. 이후 별다른 직업 없이 모교인 고려대학교 도서관에서 10여 년째 개인 연구 활동을 하고 있었는데, 이곳에서 학생들에게 중광할머니란 별명으로 불리고 있었다. 취재진이 8개월 후 다시 찾았을 때 그녀를 발견한 곳은 다름 아닌 병원. 미국 명문대에서 박사 학위를 받았던 최고의 엘리트였지만 끼니를 거르게 되어 영양실조로 병원에 입원한 것이다.

실전 투자 따라잡기 ②

2020년 (2) 노원 부동산 상승에서 평촌의 상승을 예견하다

2020년 상반기 기준으로 서울 및 수도권에서 가장 높은 매매가 상승세를 보이고 있는 노원구는 GTX 창동역 정차와 토지거래허가지역에서 제외됨에 따른 반사이익 등의 영향으로 호가 기준으로 15~20%의 상승세를 보이고 있었다.

(매수 당시 기준으로) 창동역 인근의 30년여 된 창동 동아아파트 32평형의 호가가 최고 13억 원까지 보이는 등 인근에 신축 아파트라도 등장한다면 당장 32평형 기준 20억 원에라도 이를 태세이다.

부동산이 살아 있는 생명체는 아니지만 2020년 상반기부터 평촌 지역의 부동산은 마치 '우리가 서울 노원구보다 못한 것이 무엇인가?'라며 항의라도 하듯이 노원구 호가 상승세와 연동하여 높은 호가 상승을 보이고 있다. 리모델링의 경제적 추진 가치, GTX C호선의 위치, 서울 강남권 접근성 등을 종합하여 고려할 때 노원구보다 아파트 가격이 낮을 이유가 없어 보인다. 부동산 매매가에서 핵심 요소 중의 최으뜸인 상대적 저평가 측면에서 평촌은 20~30%는 상승 여력이 있는 셈인 것이다.

수도권의 어느 지역보다 늦은 상승의 시동을 보인 평촌 지역이지만 앞으로 상승의 선행 지표로 여러모로 비교 가능한 서울 노원구 지역을 주목할 필요가 있다고 판단하였다.

당시 유 과장은 위와 같은 평촌 부동산에 대한 가치판단에 따라 범계역 인근 15평형 아파트를 한 지인에게 권유하게 되는데, 매수 2년여 만에 약 2억 7천만 원 이상의 상승을 이루게 된다. 2022년 5월 호가 기준으로 5억 2천만 원 수준이니 당시 순수 투자비 1억 원(매입가 2억 5천 2백만 원, 전세 1억 6천만 원) 대비 약 275%의 수익률을 거둔 셈이다.

평촌은 입지 면으로 보면 서울 서초구 및 과천과 수원의 중간에 위치하고 있는데, 당시 기준으로 서울과 수도권에서 가장 큰 폭의 상승세를 보이던 두 지역의 중간에 있다. 당시 서울 서초구는 신축 아파트 32평형 기준 30억 원을 호가하는 등 최근 5년 동안 서울에서도 가장 큰 폭의 상승세를 보이고 있었으며, 수원의 경우 광교신도시, 화서역 인근 신규 아파트 32평형이 15억 원대에 거래를 이루는 등 경기 남부권 매매가 상승을 주도하고 있었다. 유 과장의 단순 계산으로만 보아도 평촌에 신축 아파트라도 들어설 경우 32평형 기준으로 15억 원 이상의 가치가 있어 보인다.

서울 전 지역이 본격 상승기에 있던 2019년까지 큰 움직임이 없던 평촌은 코로나19로 인한 각국의 재정확대 정책에 힘입은 자산 인플레이션 때문인지 2020년 중반기부터 본격 상승세를 보인다. 특히 다수의 아파트들이 조만간 재건축이 가능한 입주 30년 차에 접어들기 때문에 한번 상승의 흐름을 타니 그 상승세가 그 어느 때보다 가파르게 느껴진다. 평촌역, 범계역 두 개의 전철역을 통하면 웬만한 지역으로는 어렵지 않게 접근이 가능한, 넓지 않은 평촌의 입지는 수요와 공급의 측면에서 보아도 유 과장에게 충분히 매력적이다.

유 과장의 경험에 비춰볼 때, 상당수의 초기 주민들이 판교신도시로 이동한 분당, 그리고 강서구와 마포구의 가치 상승 등으로 인해 인접 지역으로 이동이 활발했던 일산과는 달리 이동할 만한 대안이 크게 없던 평촌은 초기부터 살아온 주민들이 많아 리모델링이든 일대일 재건축이든 상관없이 부활의 가능성이 그 어떤 지역보다 밝아 보인다.

☆ 노원구 vs 평촌 아파트 가격 상승률 비교

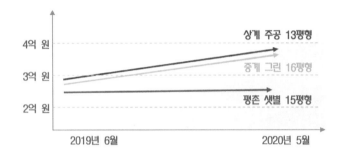

- 상계주공 13평형: 2억 9,500만 원 → 3억 5,000만 원(+18.6%)
- 중계그린 16평형: 2억 7,800만 원 → 3억 4,200만 원(+23.0%)
- 평촌 샛별한양6단지 15평형: (2020년 5월 현재) 가격 상승률 없이 2억 5,000만 원 수준

평촌 샛별 한양 6단지 아파트 단지 정보	
사용 승인일	1993년 11월 25일
토지 이용률	용적률 167% / 건폐율 15%
세대수	3227세대 (총 25개동)
면적 구성	38㎡, 48㎡, 58㎡, 70㎡, 71㎡
주소	경기 안양시 동안구 비산동 1103-4

☆ (당시) 샛별한양아파트 핵심 투자 포인트

- 상대적 낮은 상승률: 비교 지역인 노원구 대비 가격 상승이 전혀 없었음

- 높은 전세가 비중: 전세가 1억 6천만 원으로, 1억 원의 자금으로 투자 가능

- 지하철역 인근의 대형 아파트 단지

- 167%의 낮은 용적률

- 점점 귀해지는 수도권의 소형 평형 아파트

제2장

유 과장의
자산 형성 스토리

불황은
부동산 재테크의 기회

얼음이 얼어도 계곡에는 물이 흐른다. 인간이 살아가는 데 필요한 3대 필수요소 중 하나인 주거와 관련된 부동산은 불황에도 '상대적으로 저평가된 물건', '공급이 불가능한 수준으로 가격이 낮게 형성된 물건' 등을 중심으로 그 가치의 움직임이 꾸준히 진행된다.

유 과장은 1997년 IMF 경제위기, 2008년 세계적인 금융위기 상황을 거치며 심화되는 빈부의 격차를 체감해왔다. '불황기는 경제성장률이 낮아지고 실업자가 늘어나며 수요와 공급의 법칙에 의해 움직이는 경제구조가 다소 삐걱거리는 시기일 뿐 그 이상도 그 이하도 아니다'라는 사실을 누구보다 잘 체험해왔다. 그 시기는 새로운 수요와 공급의 균형을 만들어내기 위한 과정이고 어느 순간이 되면 경기는 호황이라는 이름 아래 좋은 위치, 좋은 가격의 물건을 중심으로 거래가 활발해진다.

2008년 세계 금융위기 이후 경제위기 여파로 거래가 얼어붙었던 시절임에도 상대적으로 저평가되었던 지방의 부동산은 2010년경부터 상승이 되었으며, 지방의 상승세가 주춤해지자 2014~2015년부터는 서울, 수도권을 중심으로 부동산 상승의 기류가 나타나기 시작한다. 내수 경제의 바로미터가 되고 있는 부동산. 그 이면에는 서울, 수도권과 지방 주요 도시 아파트들의 주기적인 가격 상승이 자리하고 있다.

불황기를 거치며 유 과장이 뼈저리게 느낀 것은 빈부격차의 심화이다. 주변 사람들 중 1997년 IMF 외환위기 상황에서 저가 우량주를 대거 매입하여 단기간에 웬만한 샐러리맨의 수십 년 급여 수준을 벌어들인 사람들도 있다.

유 과장은 당시 대기업에 중역으로 재직하던 처고모부가 '지금이 주식살 때'라는 말씀을 해주신 기억을 가지고 있다. 하지만 나름대로 투자한답시고 뒤늦게 달러 예금에 투자하여 약간의 손해를 감수하고 해약했던 기억이 있는데 주식이든 부동산이든 그 기본 가치에 대한 신뢰의 중요성을 잘 알고 있다. 불황의 시기 그 기본 가치 이하로 가격이 떨어진 경우라면 분명히 오르게 되어 있다.

저성장시대에는 당연히 부동산 거래가 잘되지 않는다. 매매 빈도가 줄어드는 것이다. 하지만 큰 차액을 기대하지 않고 급매 물건을 사서 일정 차액만 남기고 팔겠다는 생각을 하면 그 투자 매력도는 충분히 열려 있다. 불황 시 본인이 감내할 수 있는 수준 내에서 투자를 한다면 어렵지 않게 충분한 수익을 낼 기회가 될 수 있는 것이다. 유 과장의 경우 2009년 강동구의 M아파트를 2억 8천만 원에 매각할 때 같은 아파트의 잘 수리된 3층을 2억 3천만 원에 매수 권유를 받은 바 있다. 당시 확실한 저평가를 보이고 있는 울산으로의 투자를 결정한 까닭에 추가 투자 여력이 없어 매수 기회를 놓쳤는데, 이처럼 불황기에는 매수자 우위의 시기로 의외의 급매가로 매수할 수 있는 기회가 주어져 부동산 호황기보다는 투자하기에 훨씬 좋은 시기임을 경험한 바 있다.

자산가들, 불황기 때 연금형 부동산을 늘리는 중

실제 부자일수록 어려운 시기에 부동산 포트폴리오를 상가나 빌딩 등으로 늘려서 더 큰 부자가 되었다. 금융자산은 주식 급등락 등으로 인하여 리스크가 큰데다 인플레이션 효과로 이자 소득이 실질적으로 감소하고 자녀들에게 증여·상속을 할 때도 금융자산보다 부동산이 훨씬 유리하기 때문이다.

하나금융경영연구소가 금융자산만 10억 원을 웃도는 옛 하나은행과 외환은행 PB고객 1,099명을 대상으로 한 설문조사를 보면 부자들이 보유한 총자산은 평균 108억 원이었다. 2008년 51%였던 부동산 자산 비중은 5년간 계속 줄어 2013년 44%까지 낮아졌다가 다시 크게 늘었다.

부자들의 92%가 부동산 자산을 보유하고 이 중 46%는 거주용 외에 투자용으로 주택 및 오피스텔을 보유하고 있었다. 보유 주택 형태는 중소형 아파트 33%, 오피스텔 27%, 대형 아파트 19% 등의 순이다.

불황에 해외 자원을 쓸어 담는 일본

원자재 가격이 떨어져 저평가되자 일본은 자원개발 투자를 대폭 늘려 선점하고 있는데 한국은 비쌀 때 사들이더니 이젠 시간표를 정해놓고 급히 매각하여 그 우려를 자아내고 있다는 내용이 수년 전 중앙 일간지를 통해 보도된 바 있다.

세계 최대 규모의 구리 광산인 미국 애리조나주의 모렌치 광산은 매장량이 32톤에 달한다. 그런데 이 광산에서 채굴되는 구리 중 4분의 1은 일본 종합상사 쓰미토모가 가져간다. 수년 전 국제 구리 가격이 폭락하자 10억 달러에 광산 지분의 13%를 사들여 전체 지분율이 28%까지 올랐다. 구리를 포함한 원자재 가격이 폭락하자 일본 기업이 지분 확대에 나선 사례인 것이다.

최근 해외 자원개발 시장에서 한국과 일본이 정반대의 행보를 보이고 있다. 일본은 원자재 가격이 하락한 시기가 투자 적기라고 본 반면, 한국은 당시 자원개발 사업을 올스톱했음은 물론이고 보유 중인 자산마저 급매로 내놓아 매각한 바 있는데 이를 두고 한 국내 전문가는 "일본은 쌀 때 사서 비쌀 때 이익을 내는데 우리는 비쌀 때 사고 쌀 때 파는 역주행 자원 투자를 하고 있다"라고 지적한 바 있다.

서울 강남에서의
본격 투자 시작

부자 선배를 따라 강남 가다

유 과장에게는 두 살 위의 형 명한 씨가 있다. 형제간이었지만 형 명한은 어릴 때부터 공부를 잘한 탓에 부모님의 기대를 한 몸에 받으며 성장했고, 공부에 그닥 취미가 없던 유 과장과는 그리 친하게 지내지 않았다. 서로 무관심하게 자랐다는 것이 정확한 표현이다. 부모님의 기대에 부응하며 중고등학교를 우수한 성적으로 졸업한 형 명한은 부모님이 원하는 의과대학 대신 서울의 명문 S대 건축공학과에 입학한다. 계속 공부하기를 바란 부모님의 기대와는 달리 졸업 후에는 곧장 국내 대기업에 취업한다. 대기업에서 5~6년 차 근무할 때쯤, 처가의 도움을 받아서 산 강남 재건축 아파트가 급격한 가격 상승을 보이자 이를 매도하고 미국 LA의 주유소를 매입하면서 투자 이민을 떠났다.

유 과장은 어릴 때부터 형 명한을 그리 높게 평가하지 않았다. 형은 공부는 잘했을지 몰라도 큰 야심이 없어 보였던 까닭이다. 하지만 현재까지만 보면 미국에 가서 20억 원이 넘는 주유소를 운영하는 형이 이런저런 면에서 분명 자신을 앞서는 것으로 보이긴 한다. 5년 전에 형 명한 덕분에 부모님 두 분이 LA에 가서 한 달이나 머물다 오셨다. 부모님은 수영장이 딸린 형네 집 잔디 마당과 공기가 좋다며 코로나만 풀리면 한 번 더 다녀오시겠다고 한다.

형에 비해 여윳돈이 많지 않았던 유 과장은 형 명한 씨가 이민 간 이후 형 내외가 투자했던 강남의 소형 아파트가 궁금했다. 형 명한이 2채 투자해서 월세를 받았던 소형 아파트는 융자를 얻으면 본인도 충분히 도전할 수 있다는 자신감이 발동했던 것이다. E여대 미대 출신의 형수에 비해 돈, 미모 등의 열등감으로 자존심이 많이 상해 있던 유 과장 댁 강 여사도 이를 악물며 한번 도전해보자고 한다.

형 명한이 투자한 강남의 P아파트는 선릉역 인근이라 주변이 꽤 쾌적하다. 유 과장 댁 강 여사는 마치 일본의 거리같이 주변 거리가 깨끗하게 정리정돈이 잘 되었다며 좋다고 한다. 촌티를 내고 있다. 몇 년간의 시세 변동을 알아보니 형 명한 씨가 이 소형 아파트에 투자해서 큰 시세 차익을 본 것 같지는 않다. 다만 이민을 준비하기 위해 일정한 직업이 없던 약 1년 정도의 기간에 이곳 아파트의 월세를 받아 생활을 했을 것으로 추정된다.

유 과장은 서울에 올라간 김에 인근의 비슷한 매물을 둘러보았지만 P아파트만 한 물건이 눈에 띄지 않았다. 개인적으로 크게 교류가 없는 형이었지만 '형 명한의 감각을 믿고 살 것인가?' 아니면 '올라온 김에 더 알아보느냐?'의 갈림길에서 아내 강 여사가 피곤하다며 "이 정도면 투자해도 나쁠 것 같지 않다"라며 보챈다. 1채 투자에 4천만 원씩, 도합 8천만 원을 투자하기로 마음먹는다(2억 원에 매수인데 1억 6천 전세가 긴 물건이다). 중개사무소 대표는 이 물건 왜 사느냐고 꼬치꼬치 묻는다. 거래가 잘 안되고 전월세만 조금씩 거래되는 물건인 탓이다.

인근 오피스텔에 비해 내부가 크다. 비슷한 가격임에도 원룸에 거실이 합쳐진 구조라 신혼부부가 살아도 괜찮아 보인다. 외부로 나오면 복도 쪽에 밖으로 작은 베란다도 있어 나쁘지 않다. 유 과장의 첫 서울 투자 물건은 이렇게 형 명한 씨의 선택지를 따라 결정되었다.

인기 연예인들의 부동산 투자

2021년 4월 10일자 신문에 이승기 씨가 56억 성북동 주택을 매입했다는 기사가 보도되었다. 2020년 8월경에는 소지섭 씨가 한남더힐 전용 70평을 61억에 매입했다는 보도도 있었다. 하지만 연예가 대표적 부동산 자산가 하면 아직도 광고계에서 왕성한 활동을 하고 있는 전지현 씨를 빼놓을 수 없다. 보도된 언론 내용만 종합해봐도 삼성동 2층 단독주택, 삼성동 현대주택단지, 삼성동 아파트 등 삼성동에만 3채를 보유하고 있으며 논현동에 5층 건물, 이촌동의 2층 건물, 대치동 고급 빌라 등 도합 6채에 이른다. 현대차그룹이 추진 중인 GBC빌딩을 중심으로 한국의 맨하탄으로 부상할 영동대로 인근에 4채의 투자가 집중된 전지현 씨의 혜안이 놀랍다. 이들 연예인들은 왜 부동산에 올인하는가? 수입이 많긴 하지만 꾸준하지 않아 우량 부동산에 대한 투자가 인생의 리스크를 줄일 수 있는 안전처라 믿기 때문인 것으로 보인다.

부동산에 투자한 서장훈과 증권에 투자했던 현주엽, 동시대의 농구 스타로 한국 농구의 중흥기를 이끌었던 농구 스타들이다. 서장훈은 연

세대, 현주엽은 고려대 출신으로 연고전, 고연전 라이벌 대결을 최정점으로 만들어낸 선수들이기도 하다. 하지만 은퇴 후 부동산 투자로 성공한 서장훈과 증권에 투자하여 수십억 원의 사기 소송에 휘말렸던 현주엽의 지금 자산 차이는 현주엽 씨가 남은 인생을 열심히 살아도 따라잡기가 어려워 보인다.

요즘 들어 연예인, 스포츠 스타 등을 중심으로 수입이 있을 때 부동산을 중심으로 투자하는 최근의 많은 사례는 부동산은 일반인들이 반드시 관심을 가져야 할 투자 대상임을 보여주고 있다.

울산 투자로의 이동

불황에 강한 아파트로 초석을 다지다

우리가 필요한 지식은 중학교 때 다 배웠다. 수요에 비해 공급이 많아지면 가격이 떨어지고 수요가 공급 대비 많아지면 공급자가 유리한 위치를 점유하게 되어 가격이 오르는 것이 경제학의 기본 이론이다. 당연히 부동산 시장에서도 어김없이 적용되고 있다.

2009년 초 서울 강남의 중개사무소에서 원룸 아파트 매수자가 나타났다고 연락이 왔다. 2억에 샀던 원룸형 주상복합아파트를 4천만 원 오른 2억 4천만 원에 매도가 가능하다는 연락이다. 빌트인형 구조라 매수 후에도 에어컨 구매, 싱크대 수리 등으로 관리가 힘들었던지라 유 과장은 감사한 마음으로 매도하겠다고 중개사무소에 전화 연락을 한다. "속 시원하다." 이렇게 해서 5년 만에 두 채 투자에 8천만 원의 수익을 거둔다. 큰 수익은 아니지만 나쁘지 않은 투자의 결과이다.

그리고 울산 남구 삼산동, 달동의 24평 미만 소형 아파트를 주목하게 된다. 한 채당 3~4천만 원이면 투자 가능한 물건들이다. 유 과장이 2009~2011년 관심을 가지고 집중 투자를 했던 울산 달동, 삼산동 일대의 아파트는 수요와 공급의 원칙을 중점적으로 고려하여 매입했던 곳이다. 삼산동은 고속 및 시외버스 터미널, 롯데백화점, 현대백화점이 인근에 있고 울산 최대 상권과 근거리에 있음은 물론 태화강 하구에 위치하여 아파트에서 바로 보는 태화강 조망은 울산 최고 수준을 자랑한다. 특히 이곳의 S아파트, B아파트 24평형의 경우에는 인근 대기업에 재직하는 젊은 층이 좋은 인프라 외에 회사와 가까운 거리 등의 이유로도 최선호하고 있어 전세나 월세에 있어서는 절대적으로 수요가 공급을 압도하는 지역이다. 부근을 통틀어 24평형 아파트의 경우는 1,000여 세대에 불과하여 인근에 새롭게 지을 아파트 땅이 없는 점을 감안하면 절대적으로 공급자 우위인 지역이다.

매입 초기인 2009년 초 울산 삼산동 24평형 아파트의 경우 1억 4,000만 원 미만에 좋은 층의 아파트를 매입할 수 있었다. 매입 초기 1억 1,000만 원에 전세를 주고 9,000만 원을 투자하여 3채를 매입한다. 이듬해인 2010년 매매가가 1,500~2,000만 원은 올라 있다. 하지만 전세가도 올라서 투자금은 동일 수준이다. 대출금을 통해 4채를 매입한다. 자금이 부족해서 추가 매수는 어렵다. 2011년이 되니 매수가가 1,000만 원 더 오른 1억 7,000만 원대로 올라 있다. 오른 전세금 차익금 등을 더하여 투자 금액을 마련하여 3채를 추가 매입한다.

직장생활을 하며 3년에 걸쳐 10채를 매입하였지만 집을 안 보고 중개사무소의 설명만을 듣고 매수하는 경우도 많았다. 삼산동의 S, B 두 아파트는 기본적으로 24평형임에도 앞 베란다 및 뒤 베란다의 구조가 충분히 넓고 방이 3개로, 속된 말로 '잘 빠졌다'. 몇 번의 방문을 통하여 구조가 세입자들에게 충분히 매력적임을 충분히 확인한 바 있어 집 상태와 층, 가격 등만 고려하면 되었다. 갭투자금만 마련되면 매물을 찾았는데, 집 상태는 중개사무소의 의견을 100% 신뢰하며 진행하였다. 다주택자로 중개사무소의 최대 고객이라 신뢰 있게 집 상태를 봐줄 거란 믿음이 있었기 때문이다. 조건이 좋으면 가계약금 300만 원 정도를 입금한다. 직장생활을 하는 이유로 정식 계약은 주로 주말을 활용하여 마무리하곤 한다. 본업이 직장인이라는 생각을 잊지 않고 최소한의 시간을 할애하여 투자를 진행하였는데 주말이 어려울 경우에는 평일 점심시간을 끼고 진행하였다. 하지만 점심 식사 시간 외 추가 외출 시간이 1시간이 넘지 않도록 사전 준비를 하였으며 가끔 거래 조건은 유 과장 본인이 결정을 하면서도 위임장 작성을 통하여 아내 강 여사가 계약을 진행하는 방법도 취하며 시간을 아끼곤 하였다.

신혼부부들을 세입자로 하는 계약이 많아 싱크대 교체 및 도배, 장판 교체 조건 등이 빈번하였는데 직거래하는 싱크대 공장 및 도배업체 등을 발굴해놓고 전화 한 통으로 단가 및 일정 등을 확정하는 방식으로 관련 비용과 시간을 최소화하는 데에도 주력하였다.

다시 서울로의 투자 이동

자본의 이동을 주목하다

2014년 9월 삼성동 한전 부지가 10조 5,500억 원에 현대자동차그룹에 팔렸다는 소식이 전해지면서 팔려고 내놓았던 인근의 상업용 빌딩을 중심으로 매도자들이 매물을 거둬들인다.

이 지역이 개발되면 현대자동차 계열사들이 이 일대 건물에 입주하게 됨에 따라 수만 명의 현대자동차 직원들이 상주하게 되고 호텔, 백화점, 컨벤션 등 복합시설이 들어서면서 임대 및 주택 수요가 늘어날 수밖에 없고 인근 강남구 대치동, 청담동, 송파구 잠실동 부동산의 수요가 늘어날 수밖에 없으므로 긍정적인 영향을 미칠 것이란 전망이 나온다.

이와 같은 전망에 따라 인근 한전 부지와 가까운 대지면적 990㎡의 5층 높이 A빌딩은 150억 원에 나왔다가 서울시에서 한전 부지 개발 계획을 구체화한 후 215억 원으로 호가를 올렸는데, 빌딩주가 다시 호가를 높이겠다며 매물을 거둬들인다. 매물로 나왔던 빌딩의 호가가 크게 오르고 주변 공인중개업소에 빌딩과 오피스텔 매매 문의가 급증하고 있다.

코엑스, 잠실운동장 일대 종합발전 계획에 따르면 '봉은사~코엑스~한전~서울의료원~탄천~잠실종합운동장~한강'까지 연결하는 보행 네트워크가 조성될 예정으로, 영동대로는 지하화를 통해 복합 환승 시스템이 구축돼 교통 여건이 더욱 좋아진다. 또한 탄천은 동·서로 지하화 및 동부간선도로 진출 램프 이전, 탄천주차장 일부 이전을 통해 공원화할 계획이다. 이 일대에는 GTX 등 광역철도와 경전철 위례·신사선이 계획돼 있는데 한전 부지를 개발하면 2호선·9호선 도시철도역과 코엑스 지하공간 연결이 우선 추진되고 GTX, 위례신사선 등과의 통합 계획도 수립될 전망이다.

경제신문을 뒤적이던 유 과장은 2014년 9월 이와 같은 현대차그룹의 삼성동 글로벌비지니스센터(GBC) 개발 계획과 연계한 개발 계획에 주목한다. 당시 매일경제 등 국내 언론에 따르면 현대차그룹과 서울시는 옛 한전 부지를 글로벌 비즈니스의 중심지이자 문화 지리적 랜드마크로 개발하겠다는 포부를 가지고 있다. GBC는 업무 공간 외에 서울시의 문화 랜드마크 역할을 톡톡히 할 예정으로, 독립된 건물 위에 위치하는 공연장은 역동적 공연에 최적화된 1,800석 규모의 대극장과 클래식 전용인 약 600석 규모 챔버홀을 갖추게 된다. 또 일부 전시시설에서는 단순히 눈으로 보는 데 그치지 않고 방문객들이 직접 체험할 수 있는 다양한 콘텐츠도 선보일 예정이다.

GBC가 들어서는 삼성동은 유 과장이 수년 전에 두 채의 소형 아파트를 소유했던 곳이라 GBC 관련 뉴스가 남의 얘기로만 들리지 않았다. GBC는 시민과 방문객의 다양한 기대와 수요를 충족시키는 국제교

류복합지구 내 교통 및 이동의 중심에 위치함에 따라 '서울, 강남을 넘어 서울의 상징적 랜드마크로 자리매김할 것이다'라는 상상력이 발동한다. "그렇다면 인근의 부동산은?" "당연히 몇 년 후면 오를 것은 확실하다."

누구도 부정할 수 없는 삼성동 대세 시대, 그 가격 상승은 3~4년 이내에 반드시 가시화될 것임을 확신한다. 그는 수서역 인근 지역의 사례를 통하여 지하철 개통이 임박함에 따라 단기간에 1억 원의 상승을 보인 아파트 단지의 사례를 이미 경험한 바 있다. 이러한 호재에도 불구하고 삼성동 인근 부동산 중 아직까지 큰 상승을 보이지 않는 물건이 보인다. 그가 일전에 투자했던 삼성동 일대의 소형 주상복합아파트들이다. 크게 인기가 있는 부동산 물건은 아니었지만 지역 위치, 인프라에 비하면 한 채당 5,000~7,000만 원 정도만 있으면 투자 가능한 물건들은 머지않아 그 가치를 발할 것이라는 확신이 든다.

아내 강 여사를 졸라 2억 원의 대출 계획을 제안한다. "살 만하면 빚을 일으켜 빚쟁이를 만든다"라며 볼멘소리다. 하지만 얼마 지나지 않아 강 여사가 한번 해보겠다고 한다. 운이 좋은 건지 부동산 투자에서만큼은 손발이 착착 맞는다. 강 여사가 오빠, 언니에게서도 빌리고 은행에 일부 부동산 담보대출을 일으킨다. 수년 전 한 번 투자해봤던 지역이라 낯설지 않고 매물들에 대한 두려움이 없다. 당시 큰 수익을 거둔 것은 아니지만 그때의 경험이 빛을 발하기 시작한다.

수년 전 매도했던 인근 지역의 매물을 돌아보다가 당시에는 보지 못했던 저평가된 소형 주상복합아파트가 눈에 띈다. 실평수가 24평형 아파트와 비슷하면서 선정릉 인근이라 주변 환경이 쾌적하다. 4억 초반까지 조정되었는데 저층이라며 강 여사가 복비라도 깎으라고 전화가 온다. 계약을 잠시 미뤘다. 하루 시간을 끌어 복비를 일부 깎았다고 강 여사를 설득하며 어렵사리 계약을 진행한다. 7년이 지난 2022년, 그 아파트는 12억 원에 호가가 형성되어 있다.

유 과장은 2015년 초부터 2017년에 걸쳐 선릉역을 중심으로 비슷한 유형의 주상복합아파트를 여러 채 매입한다. 울산에 투자했던 아파트를 매각한 자금을 바탕으로 강남의 소형 아파트로 갈아탄 것이다.

자본 이동에 따른 서울과 지방의 격차 심화

문재인 정부가 출범한 2017년 5월, 서울과 6개 광역시의 중형 아파트 평균 매매가는 각각 8억 326만 원, 3억 3천 608만 원으로 당시 격차는 4억 6천 718만 원 수준이었다. 그러나 2022년 4월 서울과 6개 광역시의 중형 아파트 값이 각각 16억 1천 59만 원, 6억 441만 원으로 나타나 격차가 10억 618만 원으로 확대됐다. 서울의 아파트 값이 더 급격히 오르면서 가격 격차가 벌어진 셈이다.

서울 강남구 일원동 목련타운 전용 99.79㎡는 2017년 5월 8일 11억 6천만 원(11층)에 팔렸지만, 2022년 3월 30일에는 25억 3천만 원(5층)에 매매 계약이 이뤄져 문재인 정부 출범 이후 13억 7천만 원 올랐다. 반면 인천 부평구 갈산동 두산아파트 전용 101.82㎡는 2017년 5월 29일 3억 6천만 원(12층)에서 2022년 3월 5억 8천만 원(13층)으로 2억 2천 200만 원 상승했다. 대구 달서구 월성동 월성푸르지오 전용 101.86㎡

도 2017년 5월 15일 4억 3천 500만 원(15층)에서 2022년 3월 19일 7억 원(26층)으로 2억 6천 500만 원 올랐다.

한편 서울과 6개 광역시의 중형 아파트 평균 전셋값 격차는 2017년 5월 2억 1천 289만 원에서 2022년 3월 4억 3천 354만 원으로 벌어졌다.

눈이 가는
우수한 주거 환경의 부동산

유 과장이 집중 매입하였던 서울 강남의 선릉역 주변, 그중에서도 진선여고 인근 W주상복합아파트의 경우는 인근 빌딩 뒤편의 조경시설들과 잘 어우러져 도심권 미니 공원을 형성하고 있다. 이로 인하여 W아파트는 도심 중심권의 소규모 주상복합아파트에서 좀처럼 찾아보기 힘든 조망권을 가지고 있다. 주거시설에서 환경을 중시하는 일본의 어느 도심을 연상하게 하는 그곳의 환경에 매료되어 매입을 결정하게 되는데 직장생활로 바쁜 유 과장으로서는 환경 가치만 보고 집 내부를 보지 않고 2채 매입을 결정한다.

처음 거래하는 중개사무소와 한 통의 전화만으로 매수 의사를 전달하고 매수 절차를 진행하는데 해당 사무소는 빠른 의사결정에 놀라며 유 과장을 대신하여 대상 주택을 방문하고 내외부의 다양한 사진을 찍어 보내준다. 이후 인근 중개사무소를 통하여 전월세를 구하는 이들에게 인근에서 선호도가 가장 높은 매물 중의 하나라는 사실을 전해 들으며 유 과장은 자신의 예상이 틀리지 않았음에 감사한다.

비슷한 평형, 비슷한 가격대에서 우수한 환경에 대한 고려는 최우선 매수 조건임을 확인한 경우이다. 소득이 늘어나면서 우수한 입지 여건

및 쾌적한 환경을 고려한 투자 선호도가 점차 커져가고 있다.

2022년, 홀로 독주하는 강원도 아파트 시장

2022년 초 강원도 아파트 매매가격지수가 100주 연속 상승세를 보인 가운데 가격 상승률이 전국 1위를 차지한 것으로 나타났다. 수도권 부동산 규제의 풍선효과로 비규제지역인 강원도로 몰렸고, 오션뷰와 고속화철도 사업 등이 예정된 강릉, 속초 등 동해안권에 외지인들의 투자가 집중됐다. 제주도 다음으로 우리나라 관광객들이 선호하는 강원도의 부동산 가격 상승세는 서울, 수도권이 급격한 상승세 이후 보유한 환경 가치 대비 상대적으로 저평가되었다는 평가에 따른 갭 메우기 성격으로 보이기도 한다. 전국 평균(-0.01%)이 마이너스 성장세를 나타내는 상황에서 강원 지역은 지난 2020년 5월 둘째 주 이후 100주 연속 상승세를 기록하고 있다. 강원에 이어 경남, 전북, 광주 순으로 0.05% 이상 상승률을 보인 곳은 4곳에 불과했다.

강원도 아파트 매매가 상승세는 강릉, 속초 등 동해안 지역이 오름세로 이끌었는데 강원도에서도 바닷가와 수려한 산을 모두 지척에 두고 있어 관광객들이 선호하는 대표적인 2곳이다. 관련 부동산 전문가 또한 춘천, 원주 등 서울과 가까운 지역보다는 동해안권을 강원도 아파트 가격 상승 지역으로 전망하고 있는데 최근 급등한 지역에 대한 추격 매수보다는 상승에서 소외되고 상대적으로 저평가된 물건에 관심을 가질 필요가 있다.

전주의 신흥 주거지 에코시티

　전주시내에 위치했던 향토방위사단이 인근 임실군으로 이전한 이후 개발이 본격화된 에코시티는 약 20개의 아파트 단지로 구성된 미니 신도시급으로, 단지 내에 세병호라 불리우는 호수와 축구장 몇 배 크기의 잔디공원이 있어 서울, 수도권에서도 찾아보기 힘들 정도로 주거 환경이 우수한 전주의 명품 아파트 단지이다.

　최근에 개발된 아파트 단지로, 전 아파트 단지의 주차장을 지하화하고 지상은 아름다운 정원으로 설계되어 "전주에 이런 곳이 있나?" 하는 감탄사를 유발하기에 부족함이 없다. 전주의 동북부 지역에 위치하여 대중교통의 접근성이 다소 불편함에도 불구하고 전주 사람들이 가장 살고 싶어 하는 주거 지역으로 자리매김하고 있다.

　유 과장의 시각으로 볼 때 "향후 에코시티를 대체할 거주 지역이 전주에 생길 가능성이 있는가?", "평야 지대에 위치한 전주의 특성상, 호수와 대형 잔디공원을 낀 미니 신도시급의 출현은 사실상 거의 불가능하다." 에코시티는 전주 지역에서는 서울에 비유하자면 압구정동급의 대체 불가능한 지역으로, 대체 불가라는 사실만으로도 그 미래 비전은 충분히 밝다. 향후 15~20년 이상은 계속해서 전주의 명품 아파트 단지로 군림하기에 손색이 없는 것이다. 다만 군산의 GM공장 폐쇄, 현대차 전주 상용차공장의 가동률 저하 등 지역경제가 최근 최악의 상황이라 아파트 가격이 당분간 추가 상승하기에는 쉽지 않은 상황이다.

　에코시티 지역의 아파트를 팔고 구시가지 재건축 아파트로 옮겨탈 것인가? 수익률을 고려하면 그리하는 것이 최고의 선택일 것 같지만 지금은 저금리와 화폐의 유동성 확대로 인해 선호 지역과 비선호 지역의 격차가 커지는 시대인 만큼, 좋은 환경 가치를 누리면서 최소 인플레이션 상승률만큼은 상승이 담보되는 에코시티 내 아파트 단지에 그냥 거주하는 것도 괜찮은 선택일 듯싶다.

서울 성동구의 인구가 늘어나면서 성동구와 광진구가 양분된 바 있다. 성동구 중곡동이 광진구 중곡동으로 명칭이 바뀐 것이다. 이 중곡동에는 유 과장의 외갓집이 있다. 그의 한 명뿐인 외삼촌이 대학을 졸업하고 서울로 직장을 잡은 이후 시골에 계셨던 외할머니도 자연스럽게 합류하면서 그의 외갓집이 자연스럽게 서울 중곡동이 된 것이다. 중고등학생 시절이나 군생활 시절 서울에 올 때면 중곡동에 들르고 인근의 어린이대공원이나 아차산 자락을 자연스럽게 찾을 때가 많았다. 그래서인지 그의 형 명한 씨가 미국 이민 가기 전 살았던 지역도 인근 광장동에 위치한 H아파트 단지이다.

유 과장은 퇴직 이후 서울에서의 생활을 꿈꾼다. 아이들도 서울에서 대학을 다니고 있어 서울에서 직장을 잡을 예정이고 아내 강 여사도 생활이 편리한 서울에 사는 것을 선호하기 때문이다. 유 과장의 경우 시골에서 농사짓는 아버지보다 중견기업에서 중역을 역임한 외삼촌과의 만남이 더 편안할 때가 많다. 외삼촌은 기업체에 대한 이해도가 높고 유 과장의 직장생활에 대한 애환을 이해해주는 측면이 많기 때문이다. 그 고마움으로 명절 때면 선물을 보내곤 하는데, 그럴 때마다 한사코

다음에는 보내지 말라고 한다. 그런 그의 외삼촌은 주변 사람들에게 폐 끼치기를 싫어하는 정갈한 삶의 덕택인지 90세를 목전에 둔 지금에도 그 흔한 고혈압 약 복용 없이 건강한 노후생활을 영위하고 있다.

유 과장의 노후 플랜은 이미 계획되어 있다. 아차산 입구에서 워커힐 호텔로 이어지는, 아름다운 워커힐로가 있는 광진구의 아차산 자락 인근에서 노후를 보내고 싶다는 생각을 많이 하곤 했다. 그런 꿈을 꾸던 그에게 2017년 기회가 다가온다. 2017년 휴가 기간 강원도를 거쳐 서울에 들렀다. 유 과장이 꿈꾸던 그곳 W아파트 77평 2층에 급매물이 나타났다. 노후 그의 꿈을 실현시켜줄 매물을 발견한 것이다. 2016~2017년에 접어들면서 다주택자에 대한 정부의 규제가 강화되는 상황을 감안할 때 똘똘한 한 채로 투자를 선회하는 것이 바람직해 보인다. 하지만 아무리 계산해도 소요자금 계산이 안 나온다. 서울에 투자한 원룸 아파트 두 채를 매물로 내놓는다. 울산의 집도 매물로 내놓는다. 이렇게 3채를 팔고 추가 융자를 얻어 서울의 대형 아파트를 매입한다. 그때부터 울산에서 유 과장의 원룸생활이 시작된 것이다.

하지만 큰 평형이었던 까닭인지 매수 이후 단기간에 가격이 크게 오르지 않았다. 매수 후 아내 강 여사한테 수년간을 시달렸다. 매도한 강남의 원룸 아파트보다 수익성이 낮았기 때문이다. 하지만 5년이 지난 지금은 그 아파트의 재건축 추진과 똘똘한 한 채에 대한 선호도로 인하여 소형 아파트의 수익률을 훨씬 앞지르고 있다. 새로운 정부의 재건축 계획만 구체화된다면 현 단계에서 추가적인 상승도 기대된다.

코로나19 시대의 해법,
인플레이션을 예측하다

평소 역사에 대한 관심이 많았던 유 과장은 1997년 IMF 경제위기 및 2008년 국제금융위기 이후 세계적으로 상당한 인플레이션이 있었음을 주목하게 된다.

이번에도 인플레이션이 그 해법일 수밖에 없음을 짐작한다. 자본주의가 심화된 그 이후 '다가올 미래'에 대해 항상 관심이 있던 유 과장에게 코로나19는 신선한 충격이다. 사람들의 무분별한 과잉 소비로 인한 바이러스의 등장이 유 과장이 근래 관심을 가지고 있던 'Next 시대 궁금증'에 대한 대답이 된 것이다.

유 과장은 임진왜란과 청나라의 공격으로 피폐해진 조선 후기시대를 떠올려본다. 전국의 농경지가 온통 황폐해지고 그들의 노략질과 이후 증가된 조공들로 인하여 왕실의 재산은 물론이고 백성들의 생활도 어려워진다.

하지만 부유층들은 그들의 몫을 줄이지 않고 자신들의 토지를 경작하는 백성들의 쇠경을 줄인다. 국가도 관직자들에 지급하는 녹봉을 감소시킴에 따라 지금으로 비유하자면 급여생활자들의 생활이 궁핍해지는 시대가 도래한 것이다.

유 과장은 이번 코로나의 해법으로 인플레이션과 샐러리맨의 희생이 그 해결책이 될 것으로 조심스럽게 예측하였고 그가 예측한 바대로 경제가 흘러간다.

코로나19로 인하여 유 과장의 회사가 포함된 자동차 업계는 물론 대부분 기업의 상황이 어려운 여건에 놓여 있다. 불황인 것이다. 그 해법은 무엇일까? 기업은 생존을 위해 기존과는 다른 새로운 수요를 끌어내기 위하여 노력한다. 즉, 혁신적인 제품을 만들어내는 데 매진한다. 최근에 가시화되고 있는 자율주행차, 전기차, 수소차, 폴더블폰, 실생활에 접목될 수 있는 드론 등등이 불황의 시대에 상용화 가속도를 내는 이유이다. 하지만 새로운 제품이 기존 공급을 대체하면서 수요와 공급의 자연스러운 균형이 만들어지기까지는 다소 인위적인 방법을 동원할 수밖에 없는데 그 주요 수단이 돈의 양적 완화를 통한 인플레이션이다.

간단히 말해 '당신들 돈 가지고 있어봤자 돈 가치 계속 떨어지니 뭐라도 사는 게 나을걸'과 같은 방식인 것이다. 그런데 그 소비의 중심에 파급력이 높은 부동산이 자리하고 있다. 풀린 돈이 부동산에 유입되면서 건설업이 부양되고, 또 한편으로는 개별 부동산 가격이 오르면서 개인들의 자산가치가 상승하고, 자산가치 상승으로 인해 주머니 사정이 나아진 것처럼 느끼는 소비자들이 고가 소비재에 대한 수요를 늘리면서 주춤하는 경제를 견인하는 것이다.

코로나19가 창궐한 2020~2021년 현대기아차의 국내 판매량은 그 어느 때보다 높은 판매 신장을 보이며 선전하였다. 자동차 회사들의 역할이 큰 탓이 아니라, 부동산 시장의 호황세가 자동차 및 가전, 백화점 등 유통시장에 온기를 불어넣고 있는 것이다. 수출 증가에 따라 가치 상승을 위한 에너지가 이미 국내 부동산 시장에 잠재되어 있는 상태에서 부동산 가격 상승을 통한 내수 경제 활성화의 선순환 체계가 가동된 것이다.

또한 경기 호황으로 돈이 많이 풀리는 시기에도 돈은 어김없이 부동산에 흘러가고 재화로서 충분한 완충 작용을 하고 있다. 여기서 완충 작용이라 함은 부의 재분배 역할을 통해 지역사회 내 격차가 생길 수 있는 상황을 완화하는 작용을 하고 있는 것이다.

일례를 들어보자. 철 완제품의 국제 수요가 늘어 포스코 등 철강업체가 큰 수익을 거두어 직원들에게 상당한 성과급을 주었다고 가정해 보자. 이런 경우 대개는 포스코 직원 다수가 거주하는 포항 지역에 돈이 많이 풀려 부동산 가격이 상승하고 그에 따라 포스코의 수익이 지역경제에도 일정 부분 분산되게 하는 완충 작용을 하는 것이다. 유 과장이 살고 있는 울산의 현대자동차의 영업이익이 연간 8조 수준이던 2010년대, 직원 1인당 약 2,000여만 원 이상의 성과급이 2~3년간 지급되었는데 당시 울산 주요 지역 중소형 아파트 가격이 비슷한 수준인 연 2,000만 원씩 꾸준히 오른 바 있음을 경험한 바 있다.

이처럼 불황이면 내수 경제 활성화의 매개체로, 호황이면 자역경제로 그 효과가 분산되게 하는 완충 매개체로 역할을 하는 부동산은 우리가 경제 동향과 연계하여 꾸준히 관심을 가져야 하는 대상일 수밖에 없다.

폭등하는 호주, 미국 부동산

잘 보존된 자연환경, 인구 대비 넓은 국토 면적으로 우수한 주거 환경을 자랑하던 호주의 부동산이 글로벌 양적 완화, 중국인들의 부동산 매입 증가 등에 힘입어 급등세가 지속되고 있다. 그런데 호주 시드니에서 수년 전 아파트를 분양받아 집값 상승 기대 속에 입주를 기다리던 한인 등 많은 시민이 '날벼락'을 맞고 있다. 완공 단계로 가면서 분양 당시에 비해 값이 폭등하자 곳곳에서 부동산 개발업체 측이 일방적으로 계약을 하고 있기 때문이다. 특히 한국계와 중국계 등 아시아계가 선호하는 지역에서 이런 현상이 두드러지면서 한인들의 피해가 커지고 있다. 이에 따라 한인들이 많이 거주하는 지역에서 아파트를 분양받았거나 계약 취소를 당한 한인들은 집단 소송에 나서기로 했다.

이처럼 업체들이 일방적으로 계약을 파기하고 나온 데에는 관련법에 '일몰 환수' 조항이 있기 때문이다. 애초 이 조항은 약속 기간 내 완공이나 등기가 안 될 경우에 대비, 구매자 보호를 위해 마련되었다. 하지만 뉴사우스웨일스주 법으로는 구매자나 판매자 모두 이 조항을 이용할 수 있어 판매자가 이를 악용한 것으로 보인다. 업체 측은 2019년에 아파트 37채를 분양했다가 수년이 지나 계약을 일방적으로 파기했다.

리얼터닷컴에 따르면 2022년 3월 미국의 주택 리스팅 중간 가격은 역대 최고치인 37만 달러를 기록했다. 이는 전년 동기 대비 15% 급등한 것이다. 텍사스주 오스틴의 경우 전년 동기 대비 40% 급등했다. 이는 2006년 이후 가장 큰 폭의 상승이다. 미국 100개 주택 시장 중 약 75%가 10% 이상의 가격 상승을 기록했다. 일부 지역은 1년 만에 20% 이상의 가격 상승을 경험하고 있다. 미국보다 빠른 곳도 많다. 2000년 이후 영국의 주택 가격 지수는 200% 이상 상승했다. 캐나다도 같은 기간 260% 상승했다.

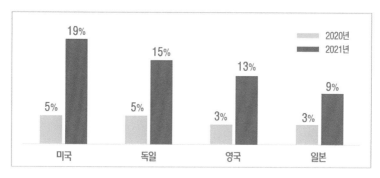

세계 주요 국가 부동산 상승률

국제유가 상승, 물가 오름세 견인

2022년 상반기 소비자물가가 1년 3개월 만에 4%대를 기록하면서 농식품 및 외식 물가도 고공행진을 거듭하고 있다. 러시아의 우크라이나 침공으로 국제유가가 크게 오르며 에너지 가격은 물론 농식품 가격에 외식 물가까지 여파를 받아 소비자 부담이 가중되는 모습이다. 전체

물가를 끌어올린 건 유가다. 석유류 가격 인상률은 2022년 3월 31.2% 로, 2월 상승폭 19.4%보다 가파른 상승세를 보였다.

이에 영향을 받은 화물업계에서는 연일 임금 인상을 요구하고 있다. 울산 지역 자동차 관련 업체 유통의 대부분을 담당하고 있는 화물연 대 소속 물류사들은 30%대의 높은 상승을 요구하는 개별사업자들 때 문에 골치가 아플 지경이라 한다. 다수의 석유제품 물가상승률은 2021 년 11월 이후 4개월 만에 다시 30%대를 기록했기 때문이다.

수입 농축수산물 가격 상승세가 외식 물가 오름세를 주도하고 있다. 식당 등 외식업계에서는 원가 등을 고려하면 수입 농축수산물 사용 비 중이 높은데, 2022년 2월 농축수산물 수입가격지수가 1년 전보다 31.7% 올랐다. 2021년 12월과 1월에도 30% 넘게 오르면서 3개월째 30%대 상승률을 보인다.

러시아의 우크라이나 침공이 장기전으로 이어지면서 국제유가가 좀 처럼 큰 폭으로 꺾일 기미가 보이지 않는 점도 물가에 부담으로 작용하 고 있다.

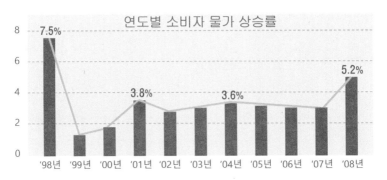

IMF 경제위기 이후인 1998년 7.5%의 높은 물가상승률,
외환위기 당시인 2008년 후반 5.2%의 높은 물가상승률은
경제위기 이후 어김없이 찾아오는 높은 인플레이션을 주기적으로 보여주고 있다.

실전 투자 따라잡기 ③

2020년 (3) 아직도 저평가된 수도권 투자처를 발견하다
- 서울 동대문구 주상복합아파트

유 과장의 부동산 정보 도움으로 고수익을 올린 지인 준호 씨의 경우를 소개한다. 48세가 되기까지 매번 부동산 매수 타이밍을 놓친 준호 씨는 2020년 상반기 유 과장에게 도움을 청한다. 외아들로 부모님을 모시고 사는 준호 씨는 최소 45평형, 6억 원대의 가격에 물건을 찾아달라는 조건으로 도움을 요청한다. 유 과장은 주말에는 전력을 다해, 평일은 짬짬이 매물을 탐색한다.

첫 번째로 추천할 만한 매물이 눈에 띈다. 서울 강동구 천호동 롯데아파트 1층 45평형 방 4개 매물이 6억 5천만 원에 올라와 있다. 준호 씨가 가격은 마음에 들어하면서도 1층인 걸 다소 아쉬워한다. 준호 씨가 주저하는 사이에 매매가 되어버렸다. 매수에 필요한 충분한 계약금을 준비하지 않고 매수를 알아보던 준호 씨는 이번에도 실기를 하게 된다. 이 매물은 당시 강동구 성내동에 전세로 거주하고 있던 준호 씨네 가족에게 딱 맞는 매물이었는데 결정을 미루고 더 나은 매물에 대한 기대감을 가지고 있는 사이 한발 늦어 놓친다.

두 번째로 구리 인창동 외곽의 45평형 6억 1천만 원 물건과 동대문구 장안동 삼성쉐르빌 주상복합 48평형 6억 2천만 원 매물로 압축하여 검토하게 되는데, 유 과장은 우선 구리 인창동 물건이 공기도 좋고 8호선 연장 개통이 얼마 남지 않은 장점 등이 있어 추천하나 서울이 아니라는 이유로 준호 씨 가족이 반대한다. 동대문구 주상복합아파트 매수로 최종 결정한다.

매물을 보러 가는 날 저녁 7시에 약속을 했는데 다른 부동산을 통하여 6시에 보러 올 손님이 예약되어 있다. 이미 매물 사이트에는 38평형이 6억 4천의 가격에 매물로 등록되어 있다. 느낌이 안 좋다. 급히 준호 씨 부인에게 조기 퇴근을 하고 오후 5시에 부동산에 방문할 것을 부탁한다. 매물을 보자 마음에 들어한다. 가계약금을 입금하라 조언한다. 당시 매수가의 10%인 6,200만 원에 일부 금액이 부족하여, 5천만 원 계약금 조건으로 당일 3천만 원을 가계약금으로 입금한다. 당시 이 매물의 경우 명의는 아들이, 실소유는 어머니가 하고 있던 매물이었는데 어머니가 매도를 위임받아 진행하는 상황에서, 어머니의 동의를 얻어 가계약금을 명의자인 아들 통장으로 입금하자마자 아들이 잘못 팔았다며 계약 취소를 하려 했다. 이틀 뒤 본 계약서 작성일에 계약금 10% 미달을 이유로 계약 취소를 요구하려 해서 급전을 마련하여 1,200만 원을 포함한 6,200만 원으로 맞춰 계약을 진행함에도, 매도인 측이 계약 취소를 하고자 온갖 트집을 잡는다. 이후 내용증명까지 발송하며 위협을 하기도 했지만 이를 이겨내며 어렵게 계약을 마무리한 경우이다.

이 매물은 삼성중공업에서 지은 주상복합아파트로 그 내부 구조로만 보면 최소 7억 원은 되어야 하는 매물인데 지상 1~3층에 형성되어 있는 상가동이 장사가 안되는 상황으로 아파트마저 제 가격을 못 받는 매물로 판단된 건이었다. 지하철 5호선 장한평역이 도보로 12분 정도 걸리고 시내버스로는 세 정거장 거리로, 1~2년 내 1억 원 이상의 가격 상승을 충분히 기대하면서 추진하였다. 주상복합아파트답게 48평형이 방 3개, 욕실 2개, 큰 주방과 거실로 설계되어 준호 씨 가족의 주거 만족도가 높다.

매수한 지 약 1년 9개월이 된 지금 48평형 9억 5천만 원대에 호가가 형성되어 있다. 항상 늦은 판단으로 40대 후반까지 집을 마련하지 못했던 준호 씨가 원하던 평수의 집도 마련하고 단기 차익도 거두게 되는, 기분 좋은 또 하나의 추천 사례이다.

서울 동대문구 장안삼성쉐르빌 아파트 단지 정보	
사용 승인일	2002년 8월 5일 (최고 30층)
토지 이용률	용적률 809% / 건폐율 59%
세대수	254세대
면적 구성	132㎡ ~ 223㎡
주소	서울 동대문구 장한로 119

☆ (당시) 동대문구 장안동 삼성쉐르빌주상복합아파트 48평형 핵심 투자 포인트

- 상대적 낮은 상승률: 최근 2~3년 사이 거의 오르지 않은 상태
- 높은 전세가 비중: 전세가 5억 원으로, 최소 2억 원 이상의 투자금이 필요했던 타 지역과 달리 1.2억 원으로 투자 가능
- 지하철역 인근으로 강남이나 시청 방향 등으로 출퇴근 용이

제3장

부자로 이끌어줄
4가지 부동산
투자 이론

투자 이론 ①
대자본의 이동 경로가 가치를 만든다

2008년 글로벌 금융위기 이후로 서울의 금융가와 대기업은 직원들과 계열사를 줄이는 구조조정을 진행한다. 그 여파인지 서울, 수도권은 2012~2015년 기간 평균 1.8% 상승률을 보이는 데 그친다. 하지만 영남의 중심지인 부산 해운대 지역과 대구 수성구 등은 연간 30~40%의 높은 상승률을 보여준다.

대규모 건설 자본이 부산과 대구의 중심 지역을 대대적으로 개발하면서 높은 가격 상승률을 이끈 것이다. 하지만 그 개발이 마무리되고 개발의 축이 서울로 넘어가는 2015년 하반기부터 2016년 상반기까지 대구 수성구와 서울 강남구 부동산 분위기는 극명하게 바뀐다.

개발이 마무리되어감에 따라 40%의 상승률이 마이너스로 변동되며 매수자가 사라지고 있는 영남권의 대구 수성구 상황과는 달리, 대규모 개발 계획에 따라 단기간 4~5억 원이 상승하는 강남구 삼성동 일대의 사례 비교를 통하여 대기업 건설사 등이 사업을 추진하는 초기 단계인지, 마무리 단계인지에 따라 가격 상승률이 극명하게 다름을 인식할 필요가 있다.

대규모 개발이 마무리되어가는 대구 수성구

2010년 초부터 2015년 상반기까지 전국 최고의 가격 상승률을 보여 왔던 대구 수성구 지역은 대구권 최고의 학군으로 웬만한 서울권에 육박하는 가격 수준으로 올랐지만 지나친 가격 급등으로 2015년 하반기부터 수요가 급감한다.

2012년부터 2~3년간 독보적인 집값 상승률을 보인 대구에서 거래량이 떨어지는 등 이상 징후를 보이는데, 지나치게 높은 가격 때문에 시장에 쌓인 피로감이 반영된 것이다. 2012~2015년을 기준으로 대구 아파트 매매가는 평균 34.45% 올랐다. 특히 대구의 강남으로 불리는 수성구는 40.15%나 뛰었다. 이 기간 서울의 아파트 변동률이 1.8%에 그친 것과 비교하면 온도차는 분명하다.

대구 지역의 부동산 전문가들은 "대구가 투자 시장에서 실수요자 시장으로 전환되면서 거래량 자체가 많이 줄었다. 매수자들이 시장에 들어오는 타이밍을 선별하기 시작했다"라며 "2016년부터 공급량이 많은 시 외곽에 새로 입주하는 단지 중심으로 저가 매물이 속속 등장하면서 가격 하향세가 본격화될 수 있다"라고 당시 전망하고 있었지만 유 과장의 시각으로는 충분한 개발이 이루어진 대구에 그동안 가격을 떠받치던 대자본의 보호막이 사라진 결과로 보인다.

유 과장은 2015년 당시 동대구역 인근에 있는 수성구 일대를 지인과 함께 방문한 바 있는데, 아파트 상가 중개업소 유리창을 A4 용지에 인쇄된 매물표 수십여 장으로 도배한 상황을 목격한 바도 있다. 집주인들이 팔겠다고 내놓은 매물 가운데엔 급매가 적힌 것들도 많았는데 한 부동산 사무실은 허리 높이부터 머리 높이까지 매물표로 도배했고 업소 안이 보이지 않을 정도였다.

대규모 개발이 시작되는 서울 강남권

2016년 초 서울시가 강남 영동대로 지하도시 건설 등 개발 계획을 연이어 발표하면서 삼성동, 청담동, 대치동 일대 부동산 매물이 시장에서 자취를 감췄다. 아파트, 상가, 다가구 건물 등을 찾는 투자 수요자들의 문의는 많아졌지만 기존 소유주들이 매물을 모두 거둬들였기 때문이다. 현대차 글로벌비지니스센터(GBC)가 들어서고 영동대로 밑으로 잠실야구장 30배 크기의 지하상권이 형성될 때까지 보유하고 있으면 가격이 오르지 않겠냐는 기대 심리가 소유주들 사이에 팽배한 이유였다.

궁금하면 못 참는 유 과장, 당시에도 주말을 이용하여 서울 삼성동 GBC 주변 인근 시세를 알아보러 나섰다. 상업지대 땅값은 3.3㎡당 1억 5천만 원에서 2억 원까지. 하지만 매물이 없어서 부르는 게 값일 정도였다. 청담 삼익은 전용면적 104㎡가 당시 14억 원에 매물로 나왔다. 매일경제가 코엑스~종합운동장 일대 종합개발 계획을 보도하기 전만 해도 13억 5천만 원 수준이었는데 한 달도 안 되어 무려 5천만 원이 뛴 것이다. 인근 부동산에선 "문의는 많지만 실제 사려는 사람은 없다"라고 말했다.

인근 청담 홍실아파트도 사정은 마찬가지다. 청담 삼익에 비해 재건축 진행 속도가 1년 정도 뒤져 있지만 일부 한강 조망권 단지들이 이번 서울시의 탄천 개발 수혜지로 부각되면서 가격이 급등했다. 정부의 주택담보대출 규제 강화와 함께 잠시 주춤했던 강남 부동산 시장이 개포동 재건축 바람과 영동대로 지하도시 개발 발표를 타고 다시 살아난 것이다.

경기고와 봉은중학교 인근에는 1종 주거 단독주택 용지들이 있다. 시세는 ㎡당 4,050만 원 내외이지만 역시 매물이 없다. 남쪽 대치동으로 넘어가 휘문고 인근 빌라촌도 가격이 들썩였다. 당시 기준으로 불과 2~3년 전만 해도 전용면적 104㎡의 청담 삼익아파트 가격은 9억~9억 5,000만 원 수준이었다. 단기간에 4억~4억 5천만 원이 급등한 것이다.

투자 이론 ②
부동산 투자의 접점 이론

유 과장이 오랫동안 부동산 트렌드를 경험하면서 명명한 '부동산 투자의 접점 이론'을 소개해본다. 서울 서초구 잠원동, 강남구 청담동, 송파구 풍납동에서 이러한 경우를 발견한 바 있는데, '부동산 투자의 접점 이론'은 우량 부동산 지역 사이에 끼인 비우량 지역의 부동산이 도심 지역이 팽창하면서 우량 지역과 동일한 수준으로 상향된다는 이론이다.

잠원동은 반포동과 압구정동 사이에 위치해 있다. 잠원동 아파트는 2000년대 중후반까지만 해도 강북의 광장동과 비슷한 가격(정확히는 약간 높은 수준)을 형성하였다. 하지만 서초구 반포동 저층 아파트들이 본격 재건축에 돌입하며 주택 수요가 늘어나면서 32평형의 경우 20억 원대를 훨씬 넘어서며 동일 평형이 아직은 10억 원대 중후반에 머물고 있는 광장동 아파트 가격을 훨씬 앞서고 있다.

2021년 4월 언론에 탤런트 김광규 씨가 청담동의 한 아파트를 바라보며 4년 전 매수 실기를 아쉬워하는 장면이 보도된 바 있다. 4년 전 6억 원 아파트가 지금은 20억 원이 넘었다며 당시 가격 안정을 반드시 만들어내겠다는 정부의 발표를 믿으며 중개사무소 사장의 권유를 거절한 자신의 신세를 한탄하는 내용이었다. 유머스러운 캐릭터이기 때문에 다소 재미를 주는 내용이었지만 당시 김씨 개인이 받았던 스트레스는 그 누구도 대신해줄 수 없는 고통이었을 것이다.

청담동 아파트의 경우에도 역시 본격 상승 이전에는 광장동과 비슷한 7~8억 원 내외 정도면 매수 가능한 32평형 아파트가 있었다. 위치는 어떠한가? 우리나라 최고 입지를 자랑하는 삼성동과 압구정동 사이에 위치한 지역이다. 잠원동, 청담동 두 지역은 강남에 위치하면서도 상당 기간 핵심 지역과는 차별화된 대접을 받아왔지만 팽창기에 접어들면서 그 가격이 핵심지역 본류와 비슷한 수준으로 상승한 대표적 사례이다.

송파구 풍납동의 경우는 가장 최근 접점 이론을 적용하며 가격 상승을 예견한 지역이다. 송파구 잠실동과 강동구 성내동 사이에 위치하며 강 건너 광장동보다 낮은 가격을 형성하곤 했는데 강동구 성내동의 발전에 이어 고덕동, 둔촌동, 명일동 등이 본격 재건축에 돌입하면서 늦게나마 가치가 재평가되며 최근 많은 상승을 보여준 사례이다.

혹시 지금 눈에 띄는 다음 지역은 어디인지 물으면 구리시에 관심을 가져보라고 안내하고 싶다. 서울 광장동, 암사동, 남양주 다산신도시와 인접한데다 왕숙신도시마저 들어서면 우량 지역으로 둘러싸이면서 지하철 8호선 연장 개통과 맞물려 지금보다는 가치가 상승할 가능성이 높은 지역이다. 재건축이 도래하는 저층 아파트 중심으로 추가 상승을 보여주기에 충분한 지역이다.

이 접점 이론은 서울, 수도권 핵심 지역 투자 시 참고하여 의사결정을 한다면 충분히 도움이 될 수 있다.

투자에는 굴곡이 있기 마련이다. 어릴 때 보았던 신밧드의 모험, 보물섬의 이야기에서 보물을 발견하기까지 많은 위험이 존재하는 것처럼 자신만의 원칙이나 이론에 기반한 투자를 하지 않는다면 중간에서 실기하는 경우가 많다. 부동산을 싸게 사서 돈 번 사람이 많다는 얘기는 역설적으로 싸게 팔아 손해 본 사람도 많다는 얘기다. 투자 원칙으로 무장하고 경제 흐름에 관심을 가져야 하는 이유이다.

투자 이론 ③
상대적 저평가

높은 곳이 있으면 낮은 곳이 있어 물과 공기의 순환이 일어나게 만들고 이렇게 함으로써 자연도 살고 사람도 살고 있다. 주변의 부동산을 잠깐 둘러보아도 호재라는 명분으로 일부 지역만 움직이는 경우가 빈번하지 서울, 경기도 등 전 지역이 동시에 움직이는 경우는 흔치 않다. 이런저런 명분으로 가격이 높은 지역, 낮은 지역이 만들어지고 이로 인하여 자연스럽게 저평가된 지역이 만들어지고 있다.

특정 지역 아파트 가격이 오르면 인근의 빌라, 오피스텔 가격이 뒤따르고 인접 지역 아파트 가격이 들썩인다. 이런 자연스러운 흐름만 알고 있어도 투자 물건을 어렵지 않게 찾을 수 있다. 또한 매수 물건을 찾을 때 그 영역을 이웃까지 확장하여 찾다 보면(예를 들어 서울 강남구에서 물건을 찾다가 마땅한 게 없다 싶으면 서초구, 송파구 등까지 확대 검토 등) 괜찮은 물건을 반드시 찾을 수 있다는 것이 지금까지의 경험이다.

개인적으로 투자를 처음 시작하게 된 계기는 상대적으로 저평가된 물건에 대한 가격 상승에 대한 확신이었다. 2006~2007년경 서울 노원구 일대의 부동산이 단기간 4~5천만 원의 상승세를 보인다(지금 기준으로 볼 때 큰돈이 아니라고 할지 모르지만 당시 화폐가치로 볼 때는 적지 않은 금액이었다). 그 이후 구리 외곽의 24평형 아파트들이 그 좋은 입지에도 불구하고 상대적으로 낮은 가격을 형성하고 있음을 알게 되어 인창동 소형 아파트를 전세를 끼고 한 채를 매입하였다가 몇 년 뒤 매각한 경험이 있다. 구리는 경기도임에도 노원구보다 서울 접근성이 우수하다. 지금 가봐도 주거지로 괜찮은 인창동 지역의 아파트는 이후 울산의 아파트로 갈아타기 위해 매각했지만 초기 투자의 종잣돈을 만들어준 지역이라 항상 고마운 마음을 가지고 바라보는 지역이다.

지금도 부동산 투자를 할 때 반드시 고려하는 요소 중의 하나는 상대적 저평가이다. 최근 2~3년 동안 인근 지역이 오를 때 상승폭을 살펴보고 그 폭이 작았던 매물을 최우선적으로 매수 대상으로 분류하곤 한다. 도시의 특정 지역이 특별한 이슈를 가지고 움직일 경우, 이후 인접 지역도 그럴듯한 명분을 만들어 상승하고 점점 그 주변으로 상승이 확산되는 방식인 경우가 많기 때문이다.

'부동산은 어렵다, 주식은 어렵다'라는 논리에 함몰될 필요가 없다. 성장기, 침체기를 가리지 않고 상대적으로 저평가된 물건이 있다면 가까운 시일 내에 가격 상승의 기회가 반드시 올 것이기 때문이다.

투자 이론 ④
희소성의 법칙

희소성의 법칙은 아무리 강조해도 지나치지 않은 투자 원칙으로, 유과장의 경우 투자 물건을 찾을 때 우선 고려하는 요소 중의 하나가 바로 희소성이다. 평형이나 위치 등의 희소성을 가지고 있느냐는 것인데, 무조건적인 희소성이 아니라 강점의 희소성이다. 상계동, 중계동 지역에 투자할 때에도 재건축의 5층 저층 물건이면서도 원룸형보다는 상대적으로 세대가 적은 방 2개를 보유하여 상대적으로 전세가가 높은 물건을 매수하였고 앞에서 언급한 울산 삼산동의 24평형 매수 사례에서도 태화강 조망권이 확보되는 물건을 우선적으로 매수하였다.

또한 서울 지역이 본격 상승기에 접어든 시점에 돌아와 선릉역 인근의 투자를 본격화할 때는 인근의 원룸형 오피스텔이 다수 있는 점을 감안하여 희소성 있는 투룸, 쓰리룸형 주상복합아파트 투자에 집중한다. 2022년 상반기 현재 그 결과를 보면 원룸형보다는 희소성 있는 투룸, 쓰리룸형 아파트들의 가격 상승이 훨씬 높아 희소성을 바탕으로 한 투자의 중요성을 새삼 깨달은 바 있다.

희소성을 고려한 투자는 전세거래 및 매매거래가 용이하여 상대적으로 관리가 쉽고 가격 상승 시에는 상승폭도 상대적으로 높아 안전한 투자를 보장해주는 보증수표와도 같다. 특정 지역에 대한 투자를 구체화하는 경우 소위 지역 부동산 내에서 귀한 매물로 통하는 평형이나 위치를 반드시 파악하여야 한다. 흔히 인터넷이나 부동산 정보란 등에 '귀한 ○○평형 물건'이라 불리는 물건의 경우 대개는 희소성 있는 물건이라 보아도 무방하다. 이렇게 희소성을 가진 물건은 상대적으로 매매든 전월세든 다소 높은 가격에 형성되어 있다.

추가적인 사례를 들자면(세부적인 내용은 실전 투자 따라잡기 ⑤ 참조) 유 과장이 동생 명석 씨에게 군포시 의왕역 인근 아파트 매수를 권유할 때도 흔한 32평형 대신 인근에 24채밖에 없는 50평형 아파트 매수를 권유한다. 희소성 있는 넓은 평형으로 거주자의 만족도가 높음에 따라 요즘 같은 거래 절벽의 시대 그 흔한 급매 물건도 나오지 않고 있어 매매가와 전세가 모두 기존 가격 수준에서 여전히 유지되고 있기 때문에 투자자인 동생 명석 씨의 심리적 만족도가 높다. 이와 같이 희소성 있는 평형에 대한 투자로 인하여 인근에 예정된 신도시 개발에 따른 재상승기까지 마음 편하게 보유하고 가는 데 무리가 없어 보인다.

부동산은 좋은 가격에 매수하는 것도 중요하지만 매도를 잘하는 것이 더 중요하기 때문에 보유에 따른 심리적 안정성은 무엇보다 중요하다. 유 과장의 과거 투자 경험으로 볼 때면, 전세가 하락에 따른 심리적 압박으로 더 좋은 수익을 얻었을 매물들을 급매의 아까운 조건으로 매도한 경우가 많았기 때문이다.

샐러리맨에게 최적의 투자처, 주거용 부동산

　바야흐로 100세 시대이다. 그러나 50대 은퇴자는 되레 늘고 있다. 이들 중 상당수가 재취업에 실패하고 눈 돌리는 것이 바로 '수익형 부동산'이다. 하지만 무턱대고 투자를 했다가는 낭패를 보기 십상이다. 직접 발품을 팔아 입지 등을 꼼꼼히 살피고 투자에 나서야 후회가 없는 상황에서 최근 상가, 오피스빌딩, 오피스텔, 지식산업센터 등 수익형 부동산은 저금리 시대에 높은 임대수익률을 올릴 수 있어 투자자들 사이에서 인기다.

　하지만 주거용 부동산과 달리 수익형 부동산은 종류도 다양하고 금액도 천차만별이라 투자 전 옥석 가리기는 필수다. 수익형 부동산의 경우 소액으로 투자할 수 있는 물건을 찾기도 어렵고 상권을 보는 시각이 부족할 경우에는 투자 실패로 이어질 수 있는 위험이 도사리고 있다.

상가 투자에 실패한 K씨

유 과장의 이웃으로 살던 은퇴한 K씨는 3년 전 중소기업 중역으로 재직하다 은퇴하였는데 요즘 대부분의 시간을 등산과 TV 시청하기로 보낸다. 2008년 글로벌 금융위기 이전에 빚을 내어 수도권 상가에 투자했는데 가격이 급락하면서 빚 독촉에 시달리다 사채까지 얻어 빚을 상환하고 마침내는 개인 파산까지 당한 뒤 부쩍 자신감이 사라진 것이다.

중소기업에서 중역으로 일하며 사회활동을 활발히 했던 때도 있지만 요즘은 버스요금 같은 푼돈도 아쉽기만 하다. 매달 나오는 연금 160만 원으로 생활하고 부족한 생활비는 자식들에게 의존하는 신세인데 주변 분위기에 편승하여 상가에 무리하게 투자했던 과거가 후회스럽기만 하다.

부동산 투자의 성공 여부는 해당 부동산의 가치를 알아보는 판단 능력에 있다. 따라서 샐러리맨의 경우 경험이 없는 토지나 상업용 물건을 사고팔기보다는 약간의 관심으로 어렵지 않게 판단 가능한 주거용 부동산이 투자 대상으로 가장 적합하다.

아파트 투자 시, 유 과장은 먼저 입지와 형성된 매매가를 고려하여 투자 매력도가 있다고 판단되면 해당 아파트의 물건 하나를 구경하고 투자에 적합한 단지인지 결정한다. 유 과장의 경우에도 30대 초반 부동산 매매 계약 시에는 등기서류가 완전히 마무리되기 전까지 가슴을 졸이며 기다리는 경우가 많았다. 특히 중개사무소에서 소개하는 법무사가 못 미더운 경우가 많았는데, 경험이 쌓인 요즈음에는 규격화된 처리 방법을 충분히 신뢰하고 있어서 웬만한 계약은 30분 내외로 마무리하곤 한다. 이처럼 직장인들이 조금만 관심을 가져도 작은 노력으로 어렵지 않게 거래가 가능한 주거용 부동산은 직장인에게는 최적의 투자처이다.

투자자금부터 준비

좋은 물건은 사람을 기다리지 않는다. 저평가된 물건은 항상 존재하기 때문에 투자를 고려할 때는 우선 가계약을 할 수 있게 최소한 몇백만 원은 준비하고 물건을 알아보는 것이 현명하다. 우선 물건을 알아보다 좋은 물건을 놓치고 나면 본전 생각에 다음 물건까지 놓치는 악수마저 둘 수가 있기 때문이다.

최근 자금 동원에 대한 상상력만 가지고 물건을 알아보다가 은행 대출이 생각만큼 안 되어 매수를 하지 못한 젊은 부부의 사례를 들은 바 있는데 부동산 투자는 사업이다. 충분한 시뮬레이션을 통한 자금 동원 능력은 투자의 첫 번째 능력인 것이다.

3~4군데 부동산 중개사무소 거래

부동산 매입, 매도를 할 때 대부분의 사람들은 관련 정보에 대해 부동산 중개사무실에 전적으로 의존하는 경우가 많다. 하지만 부동산 중개사무소는 자신들이 취급하는 범위 내에서만 정보를 주고 컨설팅한다. 더 좋은 투자처를 알고 있다 하더라도 절대 가르쳐주지 않는다. 따라서 인터넷으로 사전조사를 하거나 발품을 팔아서 객관적인 정보를 입수하고 접근할 필요가 있다.

발품을 팔기 귀찮아서, 혹은 우리 정서상 의리 때문에 부동산 1~2군데를 통해 물건을 내놓거나 물건을 알아보는 경우가 많다. 하지만 정보 여부에 따라 몇백에서 몇천, 경우에 따라서는 몇억까지도 왔다갔다하는 경우가 엄연한 현실임을 생각하면 가능하면 3~4군데 부동산 중개사무소 거래를 통해 폭넓게 정보를 입수한 후 최종 결정하길 권한다.

인접 지역의 저평가된 매물에 관심 갖기

주변의 부동산을 잠깐 둘러보아도 호재라는 명분으로 일부 지역만 움직이는 경우가 빈번하다. 이럴 때 호재가 있는 지역보다는 우선적으로 그 인접 지역에서 매물을 알아볼 필요가 있다. 부동산 시장의 특성상, 지역의 선호도가 높은 물건과 차선호도 물건 간에는 가격 상승 간격이 형성되어 있기 때문이다.

특히 특정 지역이 상승 초입 또는 중반 단계에 있는 경우라면 가격이 상승한 매물에 대해 따라잡기식 투자를 하는 것이 아니라 차선호도 물건 중 아직 가격 인상이 되지 않은 물건을 찾아 투자하는 방식은 리스크가 적을뿐더러 단기간 높은 수익률을 가져다주곤 한다.

전세 낀 매물

지역마다 다르겠지만 전세가 끼어 있는 매물은 수요자가 투자자로 한정되어 있어 상대적으로 가격이 싸게 형성되어 있다. 따라서 투자 목적으로 매수할 경우에는 전세가 끼어 있는 물건을 우선적으로 관심 있게 고려해볼 필요가 있다. 서울, 수도권보다는 부동산 투자가 상대적으로 활발하지 않은 지방의 물건을 매수할 때는 더욱 이를 고려할 필요가 있는데 전세 낀 매물은 거래가 한 번이면 끝나지만 매도자가 매도 후 이사해야 하는 경우라면 세입자를 구하기 위해 또 한 번의 거래를 해야 하니 비용도 추가되고 번거로운 일이다. 매도자가 매도 후 이사를 하는 매물에 투자할 때 전세 비수기와 겹칠 경우는 세입자를 구할 때까지 적잖은 스트레스를 받을 수 있기 때문에 매수 시 부동산 중개사무소에 책임지고 세입자를 구해줄 수 있는지를 반드시 확인할 필요가 있다.

저층이나 탑층 공략하기

가격 상승 시에는 로열층 물건이 매물로 잘 나오지 않는다. 이럴 때 선호도가 다소 떨어지는 저층 또는 탑층 물건이 있는 경우, 매도자가 적절한 가격할인 등을 해줄 경우는 이 또한 매수를 적극 고려할 만하다. 이러한 매물들은 좋은 층에 비해 세입자 구하기가 다소 불리한 측면이 있을 뿐이다. 조금 싸게 사서 싸게 팔면 되니 투자를 하겠다고 마음먹은 경우에는 이런저런 물건 크게 개의치 말고 매수하라고 권하고 싶다.

주변 환경에 대한 고려

부동산 투자를 하면서 중요하게 고려해야 할 것 중의 하나가 주변 환경이다. 좋은 환경을 고려하여 투자하면 리스크가 크게 반감된다. 좋은 환경에서 살고 싶은 것은 인간의 공통적인 욕망이기 때문이다.

투자 시 인근에 강, 호수, 공원 등이 형성되어 있는 경우는 특히 주거 시설 내부에서의 경관이 좋은지 등에 대해 반드시 확인해볼 필요가 있다. 부동산 투자에는 몇 년간을 기다려야 하는 숙성 기간이 필요한데, 주변 환경이 우수한 부동산은 편안하게 숙성 기간을 보낼 수 있음은 물론 이후 매매 시에도 훨씬 수월하게 진행되곤 했다.

리스크 대비는 필수

모든 상황이 계획한 대로만 되지 않는다. 큰 기업체의 경우에도 사업은 잘되지만 예상치 못한 상황에 의해 흑자 도산하는 경우도 있고, 작은 사업을 하는 자영업자의 경우에도 외상거래 과다 등으로 고생하는 경우를 어렵지 않게 볼 수 있다.

물건을 저렴하게 매수하는 것도 중요하지만 가격 상승 시까지 잘 관리하는 것도 자산을 불리는 능력 중의 하나이다. 2008년 금융위기 직후 전세금을 내어주기가 쉽지 않아 서울의 한 소형 아파트를 급매로 매각한 안타까운 기억 등 유사한 사례가 다수 있는데 이러한 위험을 줄이기 위해서는 다소 여유 있는 자금을 바탕으로 투자에 임할 필요가 있다.

2020년, 울산 삼산동으로의 투자 외출

유 과장의 부인 강 여사에게는 아끼는 남동생 용식 씨가 있다. 용식 씨 또한 유 과장과 비슷하게 울산 인근의 자동차 부품 회사에서 근무하며 아이들 교육 문제로 거주는 울산에서 하고 있는데 용식 씨는 강 여사가 울산에 거주할 때 반찬이며 이것저것을 특별히 챙기는 동생이다. 유독 재테크에는 큰 재미를 본 적이 없던 용식 씨는 변두리의 낡은 주택이 재개발 가능성이 있다며 매수했는데 지금은 건물은 헐고 땅만 남겨둔 상태로 팔리지도 않아 골치가 아프다.

유 과장이 젊었을 때부터 확실한 소신으로 서울, 경기권을 중심으로 부동산을 투자, 소유하고 있었음에도 울산에 유독 관심을 가진 아파트가 있었는데 태화강변의 조망권 좋은 곳에 위치한 삼산현대아파트였다. 강변에 인접하고 중대형 평수의 세대로 구성된 단지다. 직사각형 모양의 대지 구성은 전형적인 고급 단지의 입지를 가진 까닭에 눈여겨보고 있던 아파트 단지였다.

서울, 수도권 사례를 볼 때 도심 외곽보다는 도심 재건축, 재개발 시대의 도래를 직감하고 있었던 유 과장은 처남인 용식 씨에게 삼산현대 매수를 권한다. 유 과장의 감각으로 삼산동 부동산 가격이 움직이면 그 선도 아파트는 삼산현대아파트가 될 것이라고 판단했기 때문이다.

2년 전인 2020년 초, 32평형을 3억 원 초반대로 실투자금 1억 2천만 원에 매수한다. 그동안 가격이 크게 오르지 않아 마음이 불편하던 유 과장에게, 2021년 하반기 처남 강석에게서 모처럼 저녁 식사를 하자는 전화를 받는다. 일식집에서 최고급 회정식을 사주면서 "형님, 감사합니 다. 덕분에 3억 원은 올랐습니다"라며 고마움을 표시한다. 처남 강석 씨가 매수한 32평형이 2022년 4월 기준으로는 5억 9천 5백~6억 5천 사 이에 호가가 형성되어 있다. 유 과장은 어차피 오를 지역에 주변 지인 이 투자하여 덕을 본 것에 또 한번 감사할 따름이다.

울산 삼산 현대아파트 단지 정보	
사용 승인일	1990년 12월 3일 (최고 13층)
토지 이용률	용적률 293% / 건폐율 25%
세대수	962세대 (총 9개동)
면적 구성	107㎡, 158㎡, 186㎡
주소	울산 남구 삼산동 1459-1

☆ (당시) 삼산동 삼산현대아파트 핵심 투자 포인트

- 중대형의 주거 단지로 삼산동 재건축의 대표주자
- 강변에 위치하여 재건축 시 고급 아파트로 변모 가능성
- 1억 원대로 갭투자 가능한 매력적인 투자 조건

제4장

부동산 시장 트렌드와 투자 준비

팬데믹 이후의
부동산

　팬데믹은 우리가 사는 세상의 인플레이션을 최소 10년쯤은 압축해서 보여주고 있다. 압축 성장을 했기 때문에 단기 성장을 한 곳은 현재와 같은 단기 금리인상이 될 경우 매도가 급한 매물 등을 중심으로 급매가가 형성되어 단기 조정의 모습을 보여줄 가능성이 높다. 하지만 인플레이션 베이스의 압축 성장을 보여주고 있기 때문에 급하지 않을 경우 부화뇌동을 하지 않는다면 그 가치는 멀지 않은 장래에 회복할 것이기 때문에 홀딩할 필요가 있다(1997년 IMF 경제위기 이후, 2008년 금융위기 이후 이런저런 사정으로 가격을 낮춘 급매물 가격들은 수년 후 원래 가격으로 회복되었음은 물론 그 이상으로 상승된 과거의 사례를 참고하여야 한다).

　현재는 양적 완화를 통하여 많은 돈이 풀려 부동산, 생활필수품 등의 가격이 상승하는 인플레이션이 불가피하지만 정치권은 표를 먹고 살기 때문에 자산을 가지지 못하는 이들의 불만을 잠재우기 위해 금리인상이라는 카드를 통하여 인플레이션을 억제하려는 듯한 정책을 취하고 있는 상황이다. 팬데믹 이후 이러한 고금리 상황이 지속된다 하더라도 부동산, 건설 부문을 중심으로 한 내수 활성화 정책은 일정 부분 불가피하기 때문에 상대적으로 덜 오른 오피스텔이나 지방에 저평가된 지역을 중심으로 부동산 가격이 조심스럽게 움직일 가능성이 높다.

2008년 금융위기 이후에 경험한 내용이지만 서울, 수도권 부동산 가격이 상승하면 온 나라가 시끄럽지만 수도권이 아닌 지방의 부동산이 움직일 경우에는 우리나라 언론은 생각보다 조용하다. 따라서 미국, 우리나라를 비롯한 많은 국가들이 인플레이션 잡기에 당분간 집중할 동안 호재가 뚜렷한 수도권의 재건축을 제외하고 오피스텔, 지방 저평가 지역 등의 소액 투자로 매수 가능한 틈새시장에 주목할 필요가 있다.

다가오는
지방도시의 소멸

얼마 전 연휴를 이용하여 경남 하동을 거쳐 전북 남원에 다녀온 일이 있다. 고등학교 때 수학여행을 다녀왔던 곳이라 부푼 기대를 안고 갔는데 춘향전의 배경이 되는 광한루는 한산하였고 수십 년 전만 하여도 지리산 관광객으로 붐빈 남원역 주변에서도 여행객을 찾아보기가 힘들었다. 얼마 전 들어선 한옥호텔 인근 상가도 장사가 안 되는지 저녁 9시 넘기가 무섭게 영업이 종료된다. 코로나와 관계없이 시내 도심에도 9시만 넘으면 인적이 끊어진 지 제법 된다고 한다.

물건을 사러 시장에 갔는데도 젊은 사람 구경하기가 쉽지 않다. 영호남의 접경지에 있어 예로부터 다양한 농업·산림자원의 집하지였던 남원은 관광도시의 명맥을 유지하기 위해 환경오염을 유발하는 공장 유치를 멀리한 탓인지 도시의 활력이 떨어져 보인다.

중심지 상가 거리는 패스트푸드 가게며, 유명 의류 브랜드 등 다양한 종류의 가게들로 구성되어 있지만 패스트푸드 가게를 제외하고 출입하는 사람이 많지 않다. 경제 패턴에 있어 우리보다 10년 이상을 앞서간다는 일본의 지방도시의 경우 매년 인구가 없는 마을이 증가되어 사회문제가 되고 있다고 하는데 우리에게도 이러한 현실이 다가올 날이 멀지 않아 보인다.

전북 익산시와 충남 공주시

호남선과 전라선이 교차하는 전라북도의 물류 중심도시 익산역 앞 건물은 온통 임대 현수막으로 가득하다. 약 20여 년 만에 방문한 익산역 인근 지역은 화려하리라는 기대와는 달리 빈 건물로 가득하다. 인근의 식당들도 영업은 하는 듯해 보였지만 드나드는 사람 찾기가 힘들다. 다른 곳으로 이동하기 위해 시외터미널로 향했다. 20대 초반의 젊은이들과 외국인들 몇 명만이 터미널 대기 좌석에 앉아 있다. 터미널 내의 던킨도너츠 가게는 폐업 표시를 한 채 방치되어 있다. 인근의 원광대학교 등으로 인하여 젊음의 열기가 가득했던 익산역과 익산터미널 주변이 슬럼화되고 있었다. 인구 증가 없이 외곽 중심으로 신도시가 개발되다 보니 구도심이 이처럼 낙후되고 있는 것이다.

충남 공주시는 인구 12만 명 규모의 농촌 중심 도시이다. 이곳에 들어선 주택 10채 중 3채는 입주한 지 20~30년이 된 노후주택이다. 구도심에는 지은 지 50년이 넘는 주택도 꽤 많이 있다. 도시가스가 들어오지 않는 곳이 태반이다. 주민으로서는 집을 고쳐서 사는 게 훨씬 편하지만 지금까지 그럴 형편이 못 됐다. 인구가 적은 지방 중소도시 특성상 아파트 분양 사업성을 기대하기 어려워 재개발, 재건축은 엄두도 내지 못하고 있다. 지방 곳간도 열악해 시 차원의 지원도 거의 없는 상태이다.

인구 50만 명 이만의 지방 중소도시는 대부분 익산시, 공주시와 비슷한 형편이다. 산업 기반이 약해 인구는 갈수록 줄어드는 데다 경기 침체까지 맞물리면서 구도심을 중심으로 주거 환경이 슬럼화되고 있는 것이다. 지방 중소도시는 지속적으로 인구가 줄고 고령화 비율은 높아질 것으로 전망되는 만큼 지방 중소도시에 대한 정책 마련이 시급해 보인다.

일본 총무성에 따르면 2015~2019년 4년 동안에만 주민이 0명이 되면서 소멸한 마을이 일본 전역에 164곳이다. 우리보다 10년 앞서간다는 일본의 농촌이 맞이한 현실이다. 가까운 장래에 사라질 가능성이 있는 마을은 3,622곳에 달한다. 지금까지 일본의 기초자치단체들은 현재 우리나라의 지자체들이 추진하는 것과 같이 인구를 유지하는 데 사활을 걸었다. 이주정착금, 출산축하금 등 다양한 지원제도를 내걸고 이주자 유치에 안간힘을 썼다. 하지만 최근 들어 인구 유지 정책을 포기하는 지자체가 속출하고 있다. 주변 지역과 주민을 뺏고 뺏기는 인구 쟁탈전을 벌였을 뿐, 대도시의 젊은 세대가 유입되지는 않았기 때문이다. 인구는 늘지 않고 재정만 파탄 났다. 이에 따라 대부분의 지자체가 인구 감소를 받아들이고 이를 수용하는 형태로의 정책 전환을 채택하고 있다.

똑똑한 한 채의
가격 상승

   한 언론 보도에 따르면 매도 각서까지 쓴 일부 국회의원들이 '똑똑한 한 채'만 남긴 것으로 나타났다. '1가구 1주택'이라는 민주당 방침에 따라 소유 주택을 처분하면서 정작 지역구 주택을 매도하고 강남 3구 등 요지에 있는 아파트를 보유한 사례도 있었다.

   2022년 3월 31일자 고위공직자 정기 재산 변동 발표에 따르면 경기 광주을을 지역구로 하는 임종성 더불어민주당 의원은 서울 대치동 은마아파트를 보유한 것으로 나타났다. 본인과 배우자 명의로 가지고 있던 경기 광주 단독주택 4채 중 3채를 매각하고 배우자 명의의 강남구 대치동 은마아파트만 남겼다. 최근에는 더불어민주당 전북도지사 후보로 등록한 김관영 전 의원이 군산과 판교에 2채를 보유하다 군산에 있는 아파트를 매각하고 판교의 똑똑한 1채를 보유하고 있다는 논란이 보도된 바도 있다.

   허위재산신고 의혹으로 더불어민주당에서 제명된 김홍걸 의원은 서울 반포동 아크로리버파크와 동교동 김대중 전 대통령 사저를 보유한 것으로 나타났다. 김 의원은 서울 고덕동 아파트 분양권과 서울 일원동 아파트를 보유해 4주택자로 분류됐지만, 이들을 매각해 2주택자가

된 바 있다.

여야를 막론하고 지역구에 전세를 살면서 강남 3구에 주택을 보유한 의원도 적지 않았다. 경기 수원무를 지역구로 하는 김진표 의원은 지역구에 전세로 살면서 서울 도곡동 개포4차 우성아파트를 보유하고 있는데 이 아파트는 재건축을 앞두고 있다.

이들 고위공직자는 정책을 만들고 이끌어가는 사람들인데 이들이 선도적으로 부동산 투자의 방향을 '똑똑한 한 채'라고 가리키고 있다. 마치 이를 확인이라도 시켜주듯이 최근 서울 강남에서 재건축을 추진 중인 중대형 아파트 가격이 2022년 들어 몇 달 만에 10억 원 이상의 상승을 보이고 있다.

2022년 3월 9일 대선 이후 서울 강남권 아파트 단지에서 신고가 거래가 이어지고 있는 것으로 나타났다. 차기 정부의 부동산 규제 완화 기대감이 반영한 결과다. 김회재 더불어민주당 의원이 18일 공개한 '대선 이후(3. 10.~4. 12.) 서울 아파트 거래 현황'에 따르면, 이 기간 서울 강남·서초구 내 아파트 거래 건수는 총 59건으로 집계되었는데 이 중 신고가 경신 거래 사례는 29건으로 전체의 49.2%에 달했다. 이들 지역의 평균 거래 가격 역시 종전 21억 4,786만 원에서 25억 4,207만 원으로 1개월여 사이 3억 9,421만 원이 뛰어올랐다.

강남·서초구 아파트의 상승 거래 비중은 서울 전역과 비교했을 때 월등히 높은 수준을 보였다. 대선 후 서울 지역 전체의 아파트 거래량은 640건이었으며, 이 중 직전 최고가 대비 신고가 거래는 204건이었다.

저가 아파트의
소멸

  국토교통부에 따르면 2022년 6월 1일 이후 주요 자재 가격이 15% 이상 오르면 기본형 건축비 인상을 검토할 전망이다. 국토부는 매년 3월 1일과 9월 15일을 기준으로 두 차례 기본형 건축비를 정기 고시한다. 정기 고시 이후 3개월이 지난 시점에서 주요 자재 값이 15% 넘게 변동되면 이를 반영해 기본형 건축비를 추가 조정한다.

  2022년 올해는 글로벌 원자재 가격 상승과 공급망 차질로 철근, 콘크리트, 골재 등 원자재 값이 뛰면서 일선 건설 현장에서는 건축비 인상을 요구하고 있다. 최근 주택 관련 원자재 가격의 급격한 상승으로 전국 곳곳의 아파트 공사 현장에서 공사비 마찰로 공사가 중단되는 소식이 보도되고 있는데, 이런 상황은 우리 주변 저가 아파트의 소멸을 더욱 가속화할 것이다.

  우리보다 자본주의 경제체제가 심화된 미국의 사례를 살펴보자. 미국 전체의 월평균 임대료는 2022년 현재 전년 대비 17% 상승한 1,940달러다. 2020년 2월 이후 상승폭이 가장 크다. 부동산 리서치 회사인 코스타그룹에 따르면 미국 임대료는 지난해에도 전년 대비 11.3% 증가

했다. 미국 저소득주택연합은 최근 보고서에서 "이제 최저임금 근로자가 방 2개짜리 집을 임대할 수 있는 도시나 카운티는 단 한 곳도 없게 됐다"라고 분석했다.

뉴욕타임스(NYT)는 "자재 부족과 건설 지연으로 새 주택과 임대주택의 공급이 느려지고 있다"라며 "모기지 이자율 상승이 주택 구매자를 임대 시장으로 내몰기 때문에 저렴한 임대 부족은 앞으로 몇 개월 동안 더욱 악화할 것"이라고 전망했다.

지난 2011년 한 언론에 보도된 사례를 인용해보면, 2011년 말 기준 서울, 수도권 아파트 가운데 1억 원 미만인 아파트는 모두 6만 8,050여 가구로 2010년 11월보다 7,800여 가구 줄었다. 1억 원 미만 아파트가 줄어들고 있는 것은 전세난이 심화하면서 전셋값으로 살 수 있는 수도권 소형 아파트의 인기가 치솟고 그에 따라 소형 주택 가격이 오른 데 따른 것으로 보도된 바 있다. 꾸준한 인플레이션으로 경기와는 무관하게 저가 아파트는 지속적으로 감소하고 있는 현실을 보여주고 있다.

외곽에서
도시 중심으로

　자원도 없고 자본도 부족했던 우리나라가 빠른 시일 내에 세계 10위권의 경제력을 가진 국가로 도약한 데에는 집중화된 경제구조가 크게 한몫했음을 어렵지 않게 알 수 있다.

　우리나라의 대표 공업지역인 울산을 보자. 단일공장 세계 1위 규모의 현대자동차 공장과 SK이노베이션 정유공장, 세계 1위의 선박 건조 기술력을 보유한 현대중공업 등 세계적인 규모의 생산시설이 자리 잡고 있다. 주요 공장 인근까지 수심 12미터 이상의 깊이를 확보하여 대형 운반선들이 근처까지 접안함으로써 유통 비용을 줄일 수 있는 항만 시설 및 관련 산업이 특정 지역에 집약된 것이다. 이에 따른 시너지 효과가 기술, 인력, 가격 경쟁력으로 작용하고 있는 것이다. 또한 서울, 인천, 수원의 수도권 삼각벨트 지역은 인구 1,500만 명이 밀집한, 세계적으로도 흔하지 않은 고소비 인구 밀집 지역으로 우리나라 소비재 산업 발달에 큰 기여를 해왔다.

　이렇게 집중화된 경제구조는 단기간에 우리 경제를 성장시킨 원동력의 하나로, 노무현 정부 때 기획되었던 정부부처 지방 이관 및 공기업

지방 분산 정책이 없었더라면 순 국가경쟁력 차원만 가지고 볼 때 지금보다 더 경쟁력 있는 국가로 성장하는 데 도움이 되었을 것이라 조심스럽게 추측해본다.

현재는 출산율이 저하되고 경제성장률도 매년 떨어지는 확실한 저성장 국면임에 따라 도심으로의 집약화를 통하여 경제 활성화를 도모할 가능성이 높다. 도시들은 과거의 팽창 위주 성장에서 도심 안으로 회귀하는 재건축, 재개발 중심의 성장으로 움직일 가능성이 높은 것이다. 이와 같은 상황 변화에 주목할 필요가 있다.

억대 빠진 화성시 아파트

서울 강남권 등 고가 주택 시장은 '똘똘한 한 채' 기조 속에 여전히 굳건한 흐름을 유지하고 있지만 주변부 주택 시장의 흐름은 확연히 다르다. 새 정부의 부동산 규제 완화 방침에 대한 기대로 매도 호가가 오르고 있는 데 반해 연이은 금리 인상 탓에 매수자들은 발길을 돌리고 있다. 이에 서울 주택 시장은 거래가 끊겼고, 수도권 외곽 지역을 중심으로는 가격 하락세가 눈에 띄게 나타나고 있다.

향후 큰 호재가 없는 지역이나 단기 상승한 지역의 경우 단기 조정이 불가피하다. 서울 강북의 대표적 노후 단지 노원구와 도봉구, 강북구는 최근 높아진 대출금리 탓에 구매자들이 매수 의사를 철회하는 사례가 이어지고 있다. 재건축 기대감에 투자 목적의 매수 문의가 얼마 전까지 활발하던 지역이었지만 최근 높아진 호가에 대출금리가 부담으로 작용하며 실제 거래는 끊긴 것이다. 하지만 최근의 높아진 금리는 시장이 만든 상황이 아니라 다소 인위적으로 만든 상황인 만큼 그리 오래 지속될 수는 없음을 고려할 필요가 있다.

GTX 호재로 집값 상승세가 가팔랐던 경기도 화성시 동탄신도시의 분위기는 더욱 차갑다. 반년 만에 아파트 값이 3억여 원 떨어졌다. 국토교통부 실거래가 공개시스템에 따르면 화성시 '동탄역 시범 한화꿈에그린프레스티지' 아파트 전용면적 101㎡는 2021년 8월 17억 2,500만 원에 신고가 거래됐지만 같은 면적의 아파트가 2022년 4월 14억 8,000만 원에 손바뀜됐다. '동탄역 시범 우남퍼스트빌' 전용 84㎡는 2022년 2월 11억 5,000만 원에 주인을 찾았다. 2021년 7월 신고가(14억 4,000만 원) 대비 2억 9,000만 원 떨어졌다.

전문가들은 2021년 큰 폭으로 오른 서울 외곽 지역 부동산 가격이 조정을 받는 단계에 왔다고 진단한다. GTX(수도권 광역급행철도) A노선 호재로 지난 한 해 화성시 아파트 값이 19.5%가량 뛰었는데 급하게 오른 만큼 가파른 조정 국면에 돌입했다는 설명이다.

하지만 최근 정부가 GTX 추진단을 만들어 추진 계획을 더 앞당기고 그 추진 노선도 등을 구체화하기로 함에 따라 상당수는 원래 가격대에 대한 회복을 기대할 만하다.

    NH투자증권 100세시대연구소가 발간한 「2022 대한민국 상위 1% 보고서」에 따르면 대한민국에서 순자산 상위 1%를 찍은 부자는 우선 나이로 보면 60대가 34.6%로 가장 많았고, 그다음은 50대(25.3%), 70대(21.4%) 순이었다. 순자산 29억이라는 1% 컷이 생각보다 높지 않아 보여도 아무것도 없이 시작해서 그 정도 자산을 모으려면 시간이 필요하다. 상위 1% 가구는 50대 이상이 전체의 88.5%를 차지하는데, 자산관리형 부자의 경우엔 최소 50대 이상의 나이가 필요조건으로 보인다. 2021년 기준으로 상위 1% 가구의 순자산은 29억 2천만 원 수준인데 상위 1% 가구는 10가구 중 8가구꼴로 부채를 보유하고 있었지만 대부분 자산 대비 부채 금액이 크지 않았다. 부채가 있다고 해도 담보대출 비중이 93%로 대부분이었다. 참고로 상위 0.1% 가구의 순자산 커트라인은 77억 원이었으며, 상위 0.5% 가구의 순자산 커트라인은 38억 7,800만 원 수준이다.

    다만 자산 구조에 나타나는 대한민국 특유의 '부동산 쏠림' 현상은 상위 1% 가구들에서도 예외는 아니었다. 상위 1% 가구는 금융자산 17.8%, 실물자산 82.2%를 보유하고 있어 부동산 중심의 자산관리를 하고 있는 것으로 나타났다. 부동산으로 돈을 옮긴 사람들은 부자가 된 반면, 은행에 꼬박꼬박 저축했던 사람들은 그렇지 못했다. 강남 부자들은 지금도 부동산을 사고 있는 것이다.

인구 대비 국토 면적이 작은 나라이기 때문인지, 아니면 도시 중심의 밀집화된 구조 때문인지 우리나라의 서울, 수도권 부동산의 경우는 인플레이션 상승률을 앞서고 있다. 50년 전 300만 원에 매입한 서울 중곡동의 단독주택 가격이 지금은 1,000배 상승하여 30억 원 정도가 된 경우를 목격한 바도 있다.

부자들은 누구인가? 가치를 선점하는 사람들이다. 특히 서울, 수도권의 살기 좋은 곳의 경우는 그 제한된 면적으로 인하여 꾸준히 상승할 수밖에 없는 것을 그들은 오랜 경험으로 그 누구보다도 잘 알고 있는 것이다.

조금만 돌아도
종잣돈은 모아진다

유 과장은 최근 외사촌 형님 아들의 결혼 준비 계획을 전해들었다. 2022년 10월 결혼을 앞두고 있는데, 울산 남구의 아파트 32평형을 2억원 대출을 받아 5억 원 중반대에 매매 계약을 했다고 한다. 울산의 한 중건기업에서 예비 부부가 근무 중인데, 이미 상견례도 마쳤고 모든 준비가 차질 없이 되어간다.

하지만 처음 단계부터 32평형이면 가구, 가전 등도 큰 평수에 맞춰 준비함으로써 외부에 비춰지는 부부의 모습은 그럴듯해 보일지 모르지만 대출금까지 고려 시 자산 형성의 시간은 그만큼 늦춰진다. 유 과장의 경험에 미루어볼 때, 2억 원대의 25평형 아파트를 마련하고 1억 원의 여유자금으로 전세보증금이 꾸준하게 상승하는 울산 남구, 북구 등지의 소형 아파트 2채를 매입한다면 5년, 10년 뒤의 자산 형성 모습이 달라지지 않을까 하는 생각을 해본다.

유 과장의 경우 2008년 세계 금융위기 이후 울산 삼산동의 소형 아파트에 다수 투자하여 마련한 자금을 바탕으로 2015년 이후 서울 강남권 소형 아파트로 과감히 갈아탄 결과가 자산 형성의 핵심이 되어

2022년 현재 가장으로서의 무게감에서 벗어나 편안한 일상을 보내고 있다. "자신이 거주하는 아파트 외에, 자산 형성용 부동산 마련에 대한 고민은 아무리 빨리 서둘러도 지나치지 않다"라는 말을 예비 신혼부부들에게 전하고 싶다. 급격한 산업 변화가 예상되는 울산에서 아무도 앞으로의 고용 안정을 장담하기 어려운 현실을 고려할 때, 미래에 대한 준비는 신혼 단계부터 과감히 설계되어야 하며 그 최종 목적지는 우리나라 부의 집합소인 서울 강남으로 설정할 필요가 있다.

주변의 부자 스승
찾아 나서기

옛날 드라마나 영화를 보면 주인공이 부모님의 복수를 위하여 깊은 산속에 들어가 무예를 연마한 뒤 고수가 되어 돌아와 나쁜 무리를 소탕하는 권선징악적 스토리가 전개되는 경우가 많다. 이때 어김없이 등장하는 것은 무예의 고수인 스승이다. 다른 사람의 도움 없이 특정 분야에서 무언가를 터득하는 것은 쉽지 않음을 간접적으로 보여주고 있다.

유 과장의 경우 한때 이런저런 일이 풀리지 않는 시기에 점술에 의존하던 시기가 있었는데, 점술가들이 의외로 부동산에 문외한인 경우를 발견하곤 했다. 심지어 투자하지 말아야 할 대상에 투자해서 고생을 하고 있는 경우를 목격한 경우도 있었다. 예전에 많이 들어왔던 "약은 약사에게, 진료는 의사에게"라는 말이 새삼 생각나면서 각 분야 전문가에 대한 중요성을 확인한 바 있다.

짧은 시간 안에 소기의 목표를 달성하고자 한다면 혼자 이러저리 뛰다 실기하지 말고 주변의 고수를 찾아 나설 것을 권유하고 싶다. 조금만 주의를 기울인다면 직장 내에서, 아니면 친척이나 지인 중에서 숨어 있는 고수를 어렵지 않게 만날 수 있을 것이다.

근처에 가깝게 있다는 이유만으로, 동일한 직장에 근무한다는 이유만으로, 직장에서 낮은 위치에 있다는 이유만으로 고수 찾아 나서기를 소홀히 해서는 안 된다. 당신보다 경험이 많거나 그 경험으로 많은 부를 소유했다면 겸허히 스승으로 모시고 가끔은 경제적 지출도 해가면서 좋은 조언을 경청할 것을 권한다. 부자가 되는 가장 빠른 길은 부자 스승을 만나는 것임을 다시 한번 강조한다.

조정지역에 대한 이해

부동산 투자를 할 때 다른 것은 몰라도 부동산 투자에 대한 세금과 밀접하게 연관되어 있는 법안을 이해하는 것은 매우 중요하다. 특히 조정지역에 대한 이해와 취득세 중과 유예 이 두 가지에 대해서는 반드시 이해할 필요가 있다.

조정지역

주택 가격 상승률이 물가상승률의 2배를 뛰어넘거나, 주택 청약 경쟁률이 5대 1 이상인 지역을 말한다.

· 2022년 5월 기준 조정지역
  - 서울특별시 25개구 전역 및 인근 지역
  - 부산광역시 중구, 기장군 제외한 나머지 전 지역
  - 대구광역시 자치구 전 지역 및 달성군 다사읍·화원읍
  - 인천광역시 일부 지역 제외한 나머지 전 지역

- 광주광역시 전 지역
- 울산광역시 중구, 남구
- 경기도 안산시 상록구, 남양주시, 평택시, 고양시, 오산시, 시흥시, 부천시, 의정부시, 안성시, 광주시, 양주시, 김포시, 용인시 처인구, 파주시, 화성시
- 충청북도 청주시
- 충청남도 천안시, 논산시, 공주시
- 전라북도 전주시 전 지역
- 경상남도 창원시 성산구
- 경상북도 포항시 남구, 경산시
- 전라남도 순천시, 여수시, 광양시

세금 변동

다주택자 양도세 중과 및 분양권 중과 조정대상지역으로 지정된 후 2채 이상인 다주택 및 분양권을 양도하는 경우 중과된다. 2주택자가 먼저 양도하는 주택은 기본 세율에 10%(3주택자 20%) 추가 과세가 된다. 또한 장기 보유특별공제가 배제된다. 분양권인 경우엔 보유 기간과 상관없이 50% 세율이 적용된다.

· **1세대 1주택 비과세 2년 이상 거주 요건**
조정대상지역 내에서 취득하는 주택은 2년 이상 거주 요건을 충족해

야 1세대 1주택 비과세 적용을 받을 수가 있다.

· **일시적 2주택자 비과세 요건 강화(조정지역에서 조정지역으로 이사하는 경우)**

　일시적 1세대 2주택 비과세 혜택을 받으려면 대체 주택 취득일로부터 1년 내 종전 주택 매각, 1년 이내 대체 주택으로 전입해야 한다.

다주택자의 취득세 중과

· 비조정대상지역

- 2주택을 구입할 경우에는 1~3%의 세율

- 3주택을 구입할 경우 8%의 취득세를 부과

- 4주택을 구입할 때부터 12%의 세율 적용

· 조정대상지역

- 2주택을 구입할 때는 8%의 세율

- 3주택을 구입할 때부터 12%의 세율 적용

취득세 중과 유예 방법

· 세대 분리

자녀가 성인이 된 경우, 30세 이상 또는 30세 미만인 경우는 소득이 있으면 세대 분리하여 1가구로 분리한다.

• 공시가격 1억 이하 주택 구입

공시가격 1억 이하 주택을 구입하게 되면 1%의 취득세율이 적용되는데 보통 공시가격 1억 이하는 실거래가 약 1억 4천만 원 정도의 주택으로 부동산공시가격알리미 사이트에 들어가 주소를 넣고 검색하게 되면 공시가격을 확인할 수 있다.

공시가격 1억 이하 아파트를 구입하게 되면 주택 수에 관계없이 1%의 취득세를 내면 되는데, 다주택자가 투자를 생각하는 경우 1억 원 이하 공시가격의 주택을 중심으로 투자를 고려하는 것이 필수가 되고 있다.

• 오피스텔 취득: 4.6%

오피스텔의 경우에는 주택 수에 관계없이 일률적으로 4.6%가 적용됨에 따라, 저평가된 주거형 오피스텔이 있다면 투자 대상으로 적극적인 고려를 할 필요가 있다.

인터넷 정보 검색 및 부동산 여행

부동산 투자에서 필요한 것은 빠른 판단이다. 유 과장의 경험으로 볼 때 지도만큼 도움이 되는 것은 없다. 막상 현장에 가면 뭐가 뭔지 잘 보이지도 않아 눈에 보이는 부동산 내에서 잘못 판단할 가능성만 높다.

지도를 베이스로 해서 부동산 선택의 성공률을 높이는 유 과장의 인터넷 검색 사례를 소개해본다. 많은 시간을 내기 힘든 직장인들에게 큰 도움이 될 것으로 판단된다.

- 역삼동의 소형 평형 아파트를 구입할 때 인터넷을 통해 역 인근의 방 2개, 3개 아파트를 충분히 찾아보고 희소성 있는 평형임을 확인하여 신속한 의사결정에 도움을 받은 적이 있다.
- 이전에 가보지 않은 경기도 여주 투자 시, 여주 주변 지역인 양평, 원주, 진천, 이천 지역의 아파트 가격 동향을 알아보고 주변 지역 대비 낮은 상승률을 확인한 바 있으며 이를 기초로 접점 이론을 적용하여 가격의 점진적인 상향 가능성을 확신하여 투자를 권유하였다.

- 강동구 성내동 삼성아파트 투자 시 짧은 시간 내에 주변 인프라 및 집 구조를 확인한 바 있고 인근 지역 대비 저평가를 확인한 경우가 있다.
- 평촌 지역의 오피스텔을 알아보다 이미 대부분 가격이 상승하여 투자 시기가 다소 늦음을 확인하고, 수도권 일대 오피스텔 중 가격이 안 오른 지역을 탐색하다 부천역 인근에서 가격이 오르지 않은 건축한 지 5년 미만의 오피스텔을 발견하고 투자를 권유한 바 있다.
- 2020년 신대방동 일대의 48평형 주상복합아파트가 10억 미만으로 절대적으로 저평가임을 확신하고 투자를 권유한 사례가 있다.
- 구리 인창동 투자 시 8호선 연장선 인근임을 확인하고 투자 가치에 확신을 가진 바 있다.

위와 같이 유 과장의 경우에는 인터넷 검색을 통하여 매물을 찾고, 매물의 가치를 확신하는 정보를 대부분 인터넷에서 찾아내곤 한다.

서울, 수도권, 제주, 해운대 등으로 부동산 여행

같은 브랜드, 비슷한 위치의 아파트라 하더라도 가격이 동일하지 않다. 하지만 부동산 가치의 핵심은 '살고 싶은 곳'이고, 그 가치에 대한 인식은 사람마다 크게 다르지 않기 때문에 누구나 살고 싶어 하는 선호 지역으로는 기회가 될 때마다 반드시 여행할 것을 권한다.

그래서 최소한 관련 지역에 대한 부동산 뉴스가 나오면 나오는 별개 또는 딴 세상 이야기로 치부하는 것이 아니라 본인의 관심 지역으로 두고 꾸준히 관리를 해야 한다.

아파트 등 부동산에 투자할 때 대부분의 사람들이 익숙한 지역 중심으로 투자를 한다는 사실은 이미 잘 알려져 있다. 똑같은 직업을 가졌더라도 어떤 지역을 선택하느냐에 따라 부의 수준에 차이가 나는 현실을 인식할 때, 누구나 주거지로 선호하고 앞으로도 그 가치가 쉽게 변하지 않을 서울, 수도권, 제주, 부산 해운대 지역으로 부동산 여행을 통해 주변 지리와 좋은 위치에 있는 부동산에 대해 익숙해질 필요가 있다.

추가로 대구, 울산, 인천, 대전 등 지방 광역시에 대해서도 관심을 가질 필요가 있는데 본인에게 인연이 있는 곳부터 편안하게 접근할 필요가 있다. 우리가 단순히 생각해보아도 부동산 상승이 특정 지역을 중심으로 지속 상승할 수는 없다. 당분간은 서울, 수도권과 지방이 일정한 간격을 두고 상승을 반복하는 구조일 수밖에 없음을 이해하고 이러한 흐름을 잘 이용할 필요가 있다.

실전 투자 따라잡기 ⑤

2021년, 아직도 저평가된 수도권 투자처를 발견하다
- 군포 의왕역 인근 아파트

유 과장의 동생 명석 씨도 유 과장의 부동산 정보로 도움을 받아 고수익을 올린 사람 중 하나다. 경남의 한 도시에서 공무원으로 맞벌이를 하고 있는 명석 씨는 수도권에 있는 대학에 다닌 탓에 유 과장과는 생활권이 달랐음은 물론이고 유 과장과는 달리 일찍이 공무원시험 공부를 한 까닭에 3살의 나이 차에도 불구하고 형제간에 자라면서 큰 교류가 없었다. 바로 위의 형 유 과장보다는 같이 수도권에 있는 대학을 다닌 큰형 명한과의 교류가 많았던 것이다. 하지만 동생 명석 씨가 경남의 공무원으로 발령받은 이후부터는 인근에 사는 까닭에 유 과장과 사적인 왕래가 부쩍 늘었다.

지방 공무원 생활을 오래 한 탓인지 동생 명석 씨는 직장생활의 여유 시간에는 주식 투자에 많은 시간을 할애하였는데, 무리한 승부욕으로 인하여 아파트 입주자금까지 손을 대고 손실을 보게 된 경우도 있었다. 가정도 원만하고 직장생활에도 문제가 없던 동생이었기에 좋은 매물을 발견하면 투자를 권유하여 손실을 복구하는 데 도움을 주겠노라 마음먹었던 유 과장에게 2021년 상반기 GTX 역세권 인근의 아파트

한 곳이 눈에 띄었다.

역세권임에도 32평형이 5억 3천만 원에 매물이 나와 있다. 전세가가 4억 5천에 형성되어 있다. 2021년 초 기준으로 수도권에서 1억 미만으로 투자 가능한 지역은 없었기 때문에 매수를 적극 권유한다. 과거에 유 과장으로부터 권유를 받았으나 투자를 주저했던 지역이 급등한 사례를 경험한 명석 씨는 이번에는 유 과장의 권유를 적극 수용하고 과감한 투자를 결정한다. 가계약금 500만 원을 입금하였는데 다음 날 매도자가 계약을 해지하고 1,000만 원을 입금해준다. 하루 만에 500만 원을 벌어 명석 씨가 좋아한다.

최근 3~4년여 동안 1억 5천 정도는 올랐지만 전셋값이 꾸준히 오르는 지역이라 추가 상승 가능성이 있는 지역이라고 판단되어 유 과장은 동일 지역의 다른 매물들을 알아본다. 32평형의 경우 천오백만 원 오른 가격에도 매물 구하기가 쉽지 않다. 부동산 중개사무소에 가서 정보 사이트에 올리지 않고 보유하고 있는 물건이 있는지 물어본다. 아직 등록되지 않은 매물이 옆 단지 에 있는데 52평 매물이 7억 원이라 한다. 옆 단지는 중형 평형으로 구성된 단지로, 기존에 매수하려던 단지에 비해 위치도 좋아 동일 평형이라도 5천만 원 이상의 추가 가치가 있어 보였는데 희소성 있는 대형 평형이 7억 원이면 최소 1억 원은 저평가되어 있다. 저평가임을 강조하며 이번에는 초기 계약금을 최대한 많이 입금하라고 조언한다.

초기 가계약금을 5천 입금한 이후에는 계약 당사자인 동생 명석 씨가 나서서 계약을 진행한다. 본 계약 체결 시 매도자 부인이 1억 원은 싸게 팔았다며 계약 진행에 제동을 걸었지만 5천만 원을 해약금으로 지불하기에는 부담이 되었는지 계약이 정상적으로 마무리되었다.

52평형의 아파트를 7억 원에 매수한 다음 5억 원에 다시 전세를 놓아 실투자금 2억 원에 매수를 한 셈인데 2억 원이 전 재산이나 다름없는 동생 명석 씨는 계약 후 초기 3개월은 비싸게 매수한 것 같아 가슴을 졸이기도 한다. 하지만 2021년 하반기 GTX-C 노선 사업자 선정과 함께 찾아온 GTX 정차역 추가 선정 소식과 인접 지역에 대규모 신도시 조성 계획 발표 등으로 현재는 호가 기준 12억 원 이상의 매매가를 형성하고 있다. 50세를 목전에 둔 동생이 수억 원대의 주식 실패로 변변한 집 없이 지내는 것이 항상 마음에 걸렸는데, 크게 도움을 주게 된 유 과장은 형으로서 역할을 한 것 같아 기분이 좋다.

경기 흐름에 따라 누군가에게 급등의 기회를 안겨줄 지역을 이왕이면 동생에게 소개하게 되어 다행이다. 동생은 이후부터 가장으로서의 자신감을 찾아 건강도 더욱 좋아지고 직장에서 승진도 하게 되는 겹경사를 맞게 된다. 좋은 부동산 하나가 가장의 기를 살린 것이다.

군포 송부센트럴시티 (구: 군포부곡휴먼시아 4단지) 아파트 단지 정보	
사용 승인일	2010년 4월 15일
토지 이용률	용적률 150% / 건폐율 21%
세대수	402세대 (총 12개동)
면적 구성	126㎡, 151㎡, 168㎡
주소	경기 군포시 부곡동 1080

☆ (당시) 군포 52평형 핵심 투자 포인트

- 상대적 낮은 상승률: 최근 2~3년 사이 32평형 기준 1억 원대의 낮은 상승률

- 높은 전세가 비중: 32평형 기준으로 전세가 4억 5천만 원으로 최소 2억 원 이상의 투자금이 필요했던 타 지역과 달리 1억 원으로 투자 가능

- KTX역 추가 정차역 선정 기대감

- 인근 지역 신도시 조성 가능성

- 150%의 낮은 용적률

- 인근에 공공도서관 및 자율형사립고 등 충분한 학교시설, 쾌적한 주거 환경

아직도 저평가된
수도권 아파트 2選

서울 관악구
관악휴먼시아 1·2단지

 이곳은 유 과장이 아직 가본 적이 없는 곳이다. 하지만 기본적으로 관악휴먼시아 1·2단지 외에도 임대 단지로 추정되는 3단지, 인근의 푸르지오 등을 포함하여 아파트 대단지를 형성하고 있으며 관악산 인근으로 공기도 좋아 서울의 환경이 점점 악화되어가는 상황에서 그 환경 가치가 점점 부각될 가능성이 높다. 교통 여건만 개선된다면 32평형 ~44평형대 아파트의 경우 가격 상승의 충분한 여력이 있어 보인다.

 25평형 7억 원, 32평형 8억 원, 44평형 9억 원대의 가격에 매물이 있는데, 마치 보라매공원 인근 지역 주상복합아파트들의 대형 평수가 지하철 개통 전까지 소위 부유층들의 선택을 받지 못해 오랫동안 약세를 보였던 상황과 유사해 보인다. 이곳은 여의도까지 이어지는 경전철 난곡선이 계획되어 있어 개통을 위한 건설 계획이 구체화될 경우 중대형 평형을 중심으로 그 가치가 상승할 가능성이 높아 보인다(경전철 신림선 개통을 앞둔 2022년 6월 현재 인근의 아파트들이 32평형 기준으로 1억 원 상승을 보인 사례는 충분히 참고할 만하다).

 현재 지은 지 15년 미만인 아파트 단지로, 외관 및 관련 시설 등이 비교적 잘 관리되는 상황에서 경전철 난곡선(2026년 개통 예정)이 개통

된다면 관악휴먼시아에서 여의도 샛강역까지의 출퇴근 시간이 현재 1시간에서 30분으로 단축되는 효과가 발생하여 32평형은 9억 원으로, 44평형은 최소 11억 원 이상으로 가격 상승을 보일 가능성이 높다.

최근 국제유가가 급등하여 물가상승의 최대 변수가 되고 있다. 이에 따라 교통비도 점진적으로 오를 수밖에 없는 상황임을 감안할 때 향후 서울시내의 발전 가능성이 있는 지역에 대한 관심은 아무리 강조해도 지나치지 않는다.

☆ 관악휴먼시아아파트 단지 정보

서울 관악구 관악휴먼시아 2단지 정보	
사용 승인일	2008년 3월 13일
토지 이용률	용적률 240% / 건폐율 15%
세대수	2265세대
면적 구성	80~81㎡, 103~113㎡, 131~135㎡, 147㎡
주소	서울 관악구 신림동 1735

☆ 핵심 투자 포인트

- 25평형 대비 32평형, 44평형 아파트의 가격 저평가 상태(이런 아파트는 대개 조금만 호재가 발생하여도 32평형, 44평형이 가치 재평가로 상승할 가능성이 높다)
- 경전철 난곡선이라는 분명한 호재
- 관악산 인근으로 공기 좋은 주거 환경

경기 군포시 당정동
동도센트리움(도시형)

　2021년 초, 유 과장은 미국에 있는 형 유명한 씨로부터 연락을 받았다. 자녀 두 명이 서울에 있는 한 명문 사립대학으로 입학하게 되었다며, 소액으로 투자 가능한 매물을 찾아달라는 연락이었다. 평소에 연락을 자주 하고 지내던 미국의 형수로부터 자세한 내용까지 요청을 받았기에 반드시 좋은 물건을 찾아주어야 한다는 부담이 가중된다. 미국에서도 한국의 부동산 상승 소식을 들었는지, 아이들이 향후 한국에서 취업할 수도 있으니 이에 대비하기 위해 부동산을 알아봐달라는 것이다. 그런데 서울, 수도권 대부분의 지역이 이미 많이 올라 투자 매력이 있어 보이는 지역이 쉽사리 눈에 띄지 않는다. 형 명한 씨 가족은 미국에서 주유소 한 곳을 추가로 더 운영하기 위해 준비하고 있는 까닭에 1인당 5천만 원 정도의 제한된 금액 내에서 투자 가능한 물건을 부탁했기 때문에 찾기가 더욱 어려웠다.

　하지만 오랜만의 형수 부탁이라 실망시킬 수 없어 전력을 다해 조사해보니 군포시 당정동에 있는 동도센트리움(도시형)아파트와 부천역 인근의 건축 5~6년 된 방 3개 오피스텔이 최근 가격 상승에서 소외되어 보인다. 두 매물 모두 전세금이 매매가의 90% 수준이라 한 채 3천만 원이면 투자가 가능하다. 동도센트리움아파트가 투자에 더 욕심이 나긴 하지만 공시가격 1억이 넘는 아파트라 한국에 1채의 아파트가 있는 형 내외에게 권하기가 어렵다. 차선책으로 부천역 인근 오피스텔 두 채를 매수하도록 도왔다. 투자한 지 1년도 안 된 2022년 4월 기준, 호가 기준으로 한 채당 5천만 원씩 오른 상태이다.

꾸준히 주목해야 할 군포 동도센트리움아파트

국내에 증여받은 주택이 있는 까닭에 취득세 문제가 부담되어 형 내외에게 최종 권유하지는 못했지만, 몇 년 후면 재건축이 가시화될 1기 신도시 평촌, 산본 인근에서 희소성 있는 12~13평형으로 한 채당 3천만 원 정도면 투자가 가능하므로 정부의 다주택자 취득세 완화 시 최우선적으로 매수를 고려해야 하는 매물로 보인다. 특히 지금과 같은 인플레이션 상황에서는 전셋값이 매매가를 꾸준히 상승시킬 수 있다. 수도권에서 몇 안 되게 눈에 띄는 아파트인 것이다.

특히 이 아파트는 도시형이란 타이틀이 붙어 있어 도시형으로 알고 있지만 외관상으로는 아파트 밀집 지역에 위치하고 있고 해당 토지 중에서도 건물은 25%만 차지함에 따라 다른 아파트에 비해 별다른 차별성이 눈에 띄지 않는 장점도 가지고 있다. 지금 당장은 다주택자 취득세 중과로 인하여 다주택자들이 지켜볼 수밖에 없는 매물이지만 언제든지 급등할 수 있는 다양한 요소를 가진 아파트이다.

☆ 군포시 당정동 동도센트리움(도시형)아파트 단지 정보

경기도 군포 당정동 동도센트리움 단지 정보	
사용 승인일	2014년 1월 24일
토지 이용률	용적률 229% / 건폐율 25%
세대수	216세대 (13~16층)
면적 구성	41㎡, 42㎡
주소	경기도 군포시 당정동 998-2

☆ 투자 포인트

- GTX-C 노선의 금정역, 의왕역 인근으로 GTX-C 노선 구체화 시 수혜 가능성

- 당정역 도보 5분 거리로 주변 평촌, 산본 재건축 추진 시 수혜 가능성

- 12~13평형의 희소성 있는 아파트

- 도시형 생활주택이지만 아파트형으로 아파트와 동일한 쾌적성 확보

- 전세가가 꾸준히 오르는 지역

- 3천만 원 정도의 소액으로 매입 가능

- 21년 대비 거의 오르지 않은 상대적 저평가 매물 다수

5년 20억
자산 만들기 추진
계획 사례

투자 전략 설계의
방향

최근 제조강국 일본의 기둥인 자동차 산업이 흔들리고 있다는 보도가 나온 바 있다. 100년 만의 대변혁기를 맞은 자동차 시장이 송두리째 바뀌면서 2050년 일본의 자동차 보유대수가 80%, 판매대수는 50% 급감할 것이라는 전망이 나온 것이다. 일본의 미즈호은행이 2022년 4월 펴낸 「2050년의 일본 산업을 생각한다」 보고서에 따르면 2018년 430만 대였던 일본의 신차 판매대수는 2050년 225만~275만대로 36~48% 줄어들 전망으로 나타났으며 자가용과 택시를 포함한 일본의 승용차 보유대수는 2021년 6,192만 대에서 2050년 1,126만~1,372만 대로 80% 감소할 전망이다.

공유차와 무인 자율주행셔틀(MaaS) 보급률이 도쿄, 오사카, 나고야 등 3대 도시권에서는 50%, 나머지 지역은 10%를 넘는다는 가정에서의 예상치 보고서는 일본의 디지털화 속도에 따라 자동차 시장의 규모 변화를 2가지 시나리오로 예상했다. 첫 번째는 재택근무, 온라인 쇼핑, 온라인 진료 등 다양한 분야에서 온라인 서비스가 가능해지는 일반적인 디지털화의 시나리오다. 또 하나는 생산성 향상으로 출근일수가 줄어들고, 모든 교육기관이 일부 수업을 온라인으로 진행하며 배달음식의 보편화로 외식수요가 감소하는 등 디지털화가 가속화하는 시나리오다. 디지털화의 가속화는 소형 평수 선호에서 대형 평수 선호, 보다 쾌적한 주거 단지 가격 상승 등 주거 환경의 중요성을 이미 일깨운 바 있다.

경제위기 상황 때마다 건설업을 중심으로 경제 활성화를 도모 했던 것처럼, 중장기적으로 자동차 산업의 쇠퇴가 예견되는 상황에서 디지털 기술과 접목된 새로운 패러다임의 주거 단지가 나타나면서 자동차 산업이 쇠퇴하는 부분을 건설업이 일정 기간 대체하는 시나리오가 상상된다. 이에 따라 좋은 주거 환경을 가진 곳에 대한 선점 목표를 중심으로 5년 20억 자산 만들기 계획을 설계해본다.

앞으로의 미래를 예측하는 것은 조심스럽고 어려운 작업이다. 하지만 분명한 목표가 있는 이들에겐 지금까지의 상황에 상상력을 더해 과감한 도전을 감히 권하고 싶다. 남은 인생마저 소극적으로 살 것인가, 아니면 주도적으로 살 것인가의 문제이기 때문이다.

참고로, 현재 기준으로 유 과장의 상상력으로 만들어진 투자 설계는 정부 정책의 변경이나 새로운 패러다임의 등장으로 더 나은 투자처가 나타날 경우 탄력적으로 대응이 가능한 소액, 분산 투자형으로 설계되었다는 점을 말씀드린다.

새 정부의 부동산 정책을
기본으로 한 투자 설계

최근 대통령직인수위원회는 110대 국정과제에서 1기 신도시 재정비를 위한 특별법을 제정해 분당·일산 등 5개 1기 신도시에 10만 가구 이상을 추가 공급할 수 있는 기반을 마련하겠다고 했다. 이에 따라 재건축 허용 용적률은 300%, 역세권 등지는 최고 500%까지 높아질 전망이다.

뒤이어 취임한 원희룡 국토교통부장관도 1기 신도시 외 지역에 대해서도 불이익이 없도록 하겠다는 방침을 밝힌 바 있다. 하지만 0.7%의 차이로 정권의 운명이 바뀐 상태에서 중도층의 표심이 무엇보다 중요해짐에 따라 새로운 정부의 추진 방침은 상당히 점진적인 형태로 실행될 것으로 보인다.

이와 같은 상황에서 최근 1기 신도시 중에서는 일산신도시의 시가총액이 가장 많이 늘었다. 일산의 시가총액은 2022년 2월 말 24조 3,072억 원에서 4월 말 24조 4,909억 원으로 두 달 새 1,837억 원(0.76%) 늘었으며 △중동신도시 11조 7,293억 원에서 11조 7,741억 원(0.38%) △분당신도시 64조 2,920억 원에서 64조 4,812억 원(0.29%) △산본신도시

18조 6,193억 원에서 18조 6,536억 원(0.18%) 등 순이다.

이와 같이 2022년 들어서는 서울 재건축 단지보다 1기 신도시 단지들의 시가총액이 더 뛰었는데, 그 이유는 1기 신도시 단지들이 서울 재건축 단지에 비해 상대적으로 가격이 낮은 상태였기 때문이다.

이러한 내용을 참고삼아 ① 재건축, 재개발 완화의 수혜 지역이 될 지역 ② 상대적으로 저평가된 지역을 중심으로 한 투자 전략을 고려해 볼 필요가 있다.

국내 최고의 휴양지 제주 서귀포

우리나라 최고의 관광지 서귀포 지역은 주거지로서도 최고의 조건을 갖추었다. 연중 내내 온화한 날씨, 중문단지를 중심으로 한 국내 최고의 리조트, 맑은 공기, 유명 맛집, 해변 등이 있다.

유 과장은 서귀포 쪽에 갈 때마다, 관광지인 까닭에 아파트 지을 지역이 그리 충분해 보이지 않아 용적률 100% 미만의 저층 아파트들에 주목하곤 한다. 특히 일본과 마찬가지로 실버 세대가 부의 상당 부분을 차지하는 구조가 현실화된다면 1년 내내 온화한 기온을 가진 이곳의 부동산은 지금에 비해 그 가치가 재평가될 가능성이 높다. 몇몇 지인의 경우로 제한된 사례지만, 남편이 퇴직 후 건강이 나빠져 환경 좋은 제주도에서 거주하고 있다는 서울 사람들의 사례를 심심치 않게 듣고 있기 때문이다. 우리나라의 부가 집중된 곳은 서울이다. 서울 사람들의 선호도가 높아질 지역의 부동산을 선점하는 것은 빈부의 격차가 심해지는 상황에서 반드시 관심을 가져야 할 사항이다.

서귀포시 강정동 서호대림아파트의 경우만 보아도 용적률 79%, 이 경우 32평형 아파트의 경우 토지 소유분이 32 ÷ 0.79 = 40.5평으로 나중에 재건축 추진 시 상당한 가격 상승이 예상된다. 용적률 100% 적용 시에는 40평대 아파트를 받을 수 있고, 그보다 더 완화될 경우에는 더 많은 차액이 기대된다.

강정동 일대의 중형 평수 저층 아파트와 중문동 푸른주공의 낮은 용적률은 주변의 쾌적한 환경과도 잘 어우러져 보유하게 되면 꾸준한 가치 상승이 기대되는데, 중문동에 위치했다는 희소성과 함께 대단지 규모를 갖춘 푸른주공의 가치가 돋보인다.

서귀포 강정동 서호대림 아파트 단지 정보	
사용 승인일	1995년 1월 21일
토지 이용률	용적률 79% / 건폐율 35%
세대수	191세대
면적 구성	102㎡, 106㎡
주소	제주도 서귀포시 강정동 177

서귀포 중문 푸른주공 아파트 단지 정보	
사용 승인일	2003년 5월 20일
토지 이용률	용적률 75% / 건폐율 19%
세대수	460세대 (총 15개동)
면적 구성	63㎡, 73㎡
주소	제주도 서귀포시 중문동 1789

한 번은 기회가 올 울산 달동, 삼산동의 아파트 그리고 연암동, 화봉동의 저층 아파트

좋은 위치적 조건에도 불구하고 용적률 문제로 재건축 등이 지체되어왔던 지역을 중심으로 그 가치를 재해석할 필요가 있는데, 자동차 산업이 기존 석유 연료차에서 전기차로 전환한 것과 맞물려 한 번은 그 가치가 재해석될 울산 중심지 부동산을 주목할 필요가 있다.

• 울산 부동산 달동, 삼산동 시대의 도래

최근 수년간 울산 경제는 조선 산업 수주의 침체, 현대중공업 연구 부문의 판교 이전, 현대자동차의 전기차 생산체제 전환 등에 대비한 신규인원 채용 최소화 등과 맞물려 전체 인구가 줄어드는 환경에 처해 있다. 이에 따라 외곽 지역인 북구, 동구, 울주군 등의 아파트보다는 도심 내부인 남구, 중구의 재개발, 재건축 등을 중심으로 관심을 가질 필요가 있다. 이를 보여주듯이 남구의 대장 격인 문수로 아이파크 인근 지역이 재건축을 추진하면서 2020년 하반기 남구 달동, 삼산동 일부 아파트들이 한 때 과열되기도 했다.

울산 아파트의 미래 발전 가능성에 대해 먼저 결론부터 내리자면 백화점, 영화관, 터미널, 태화강역, 핵심 상권 등과 인접한 울산 최고의 위치에 있으면서도 그 가치 대접을 제대로 받지 못하고 있던 남구 달동, 삼산동 지역의 아파트들이 완공한 지 30년에 육박하면서 리모델링 혹은 재건축 등을 통하여 울산 지역 최고가 수준의 아파트로 거듭날 가능성이 높다는 점이다.

주변 시세는 이미 이러한 방향성을 보여주고 있다. 삼산동의 대장 격인 삼산현대 32평형이 재건축 가능성을 보이며 6억 원을 넘어섰고, 달동 현대1차 32평의 경우도 4억 원대 후반에서 5억 원대에 매매가가 형성되어 있다. 인근 지역이 본격적인 개발의 단계로 진입하면 후발 아파트들도 가격을 선도하는 단지들의 가격을 따라잡을 가능성이 있는 만큼, 아직 가격 상승이 안 된 단지에 관심을 가질 필요가 있다. 부동산 매매정보 사이트에 올려진 정보를 기준으로 아직도 32평형 기준 3억 원 중반대의 매물이 있는 삼산선경아파트 등은 상대적으로 저평가된 아파트로 관심을 가질 만하다. 대장 아파트 격인 삼산현대가 태화강변의 좋은 위치에 자리하여 재건축 또는 리모델링을 통하여 신규 아파트로 변모 시 10억 원을 넘어서겠지만 후발 아파트들도 비슷한 과정을 거쳐 신규 아파트로 변모 시에는 10억 원을 상회하는 가격으로 충분히 대접받을 수 있기 때문이다. 현재 재건축 추진 진척 상황에 따라 2억 원 이상의 가격 격차를 보이는 이러한 아파트들이 3~4년 전만 해도 동일한 가격대를 형성하였음을 기억할 필요가 있다.

2021년 후반기 부산에서 울산 태화강역까지 전철이 개통되었다. 2026년에는 울산 삼산동 농수산물시장이 울주군으로 이전하며 2027년에는 태화강역을 중심으로 도심을 관통하는 트램 운영이 예정되어 있다. 이러한 인근 지역의 인프라 확충은 울산 삼산동 지역 리모델링 또는 재건축 추진단계와 맞물리며 가격 상승의 충분한 명분으로 작용할 가능성이 높다. 코로나 시대, 화폐의 유동성 확대로 '명분만 있으면 가격은 상승하고 돈은 흘러간다'라는 사실을 기억할 필요가 있다.

삼산동 지역은 그 입지가 서울 최고 부촌에 위치한 압구정 지역을 연상시킨다. 강변에 위치하여 조망권이 좋은 아파트가 다수 있으며 강변 공원 접근성이 좋음은 물론 최고의 상권에 인접한 곳으로, 집을 조금 나서면 울산의 주 도로에 손쉽게 접할 수 있는 장점 등 유사성이 높다.

이미 언급한 바와 같이 문수로아이파크1·2차 아파트는 32평형 기준 매매가가 9억 원 중반대 안팎으로 형성되어 있다. 이 정도 큰 폭으로 가격을 상승시켜놓은 것을 보면 달동, 삼산동에 진입 또는 진입할 부동산 세력은 부동산 개발의 대자본일 가능성이 높다. 이 대자본이 향후 수년간을 거쳐 이 일대의 부동산에 대해 재건축, 재개발 등을 통한 대변모를 추진하겠다는 시그널을 이미 보여준 셈이다.

이 시점에서, 수도권 1기 신도시 재건축 허용 용적률은 300%, 역세권 등지는 최고 500%까지 용적률 허용과 관련하여 원희룡 국토교통부 장관이 1기 신도시 외 지역에 대해서도 형평성에 불이익이 없도록 하겠다는 방침 내놓은 것을 재차 기억할 필요가 있다. 또한 오세훈 서울시장의 최근 행보도 주목할 필요가 있는데, 오세훈 서울시장은 취임 후 첫 해외 출장지로 싱가포르를 선택했다. 평소 싱가포르의 주택 정책에 관심을 가져온데다 서울형 고품질 주택을 구체화할 수 있는 모델을 찾기 위해서다. 오 시장은 특히 세계적인 관광명소인 마리나베이에 위치한 복합개발단지 '마리나 원'을 눈여겨봤다. 계획 단계부터 용도와 지역을 특정하지 않고 창의적이면서도 유연하게 개발할 수 있도록 규제를 완전히 풀어주는 '화이트사이트'를 적용해 개발한 곳이다.

그 구체화에는 다소 시간이 소요될 수 있겠지만 새로운 정부 출범과 함께 중앙정부, 지방정부 할 것 없이 규제 완화를 통한 부동산 개발 활성화의 가능성을 보이는 최근의 상황에 주목할 필요가 있다. 따라서 준비가 되었다면 규제 완화 시 수혜가 될 만한 재건축 후보 지역을 중심으로 과감한 실행력을 보일 필요가 있다.

· 울산 북구 연암동, 화봉동의 저층 아파트 단지들

무엇이 되었든지 상상력, 꿈, 비전이란 말만 들어도 가슴이 설렌다. 그런데 그 대상이 내가 사는, 혹은 소유한 집이라면 더욱 기쁘지 않겠는가? 우연한 기회에 울산 북구를 들여다보니 분명히 때가 되면 그 가치를 발할, 눈에 띄는 아파트들이 있어 이들 지역에 대한 높은 가치를 언급해본다.

북구청이 있어 그 중심을 이루는 연암동, 화봉동은 전철 복선화 노선에 인접하면서도 최근 신규 주거지로 주목받는 송정지구와도 인접하여 그 위치만으로도 충분히 개발의 탄력이 붙을 만한 조건을 가지고 있다. 게다가 재건축이 가능한 낮은 용적률(108~119%)의 아파트가 다수 포진해 있기에 향후 수년 안에 재건축의 개발 열기가 가득한 지역으로 부상할 가능성이 높다. 이 지역에서 투자 매력도가 충분한 아파트 단지를 선점한다면 인생의 후반기에 안정된 노후를 보내는 데 큰 보탬이 될 것이다.

☆ 동아청구아파트(용적률 118%, 1994년 준공)

이 아파트의 용적률은 118%로, 열거할 5개의 아파트 단지 중 용적률이 가장 높다는 단점은 있지만 우수 주거 단지인 주공아파트, 송정지구와 쭉 이어진 인프라의 연속성과 반듯한 모양으로 이루어진 아파트 단지의 매력은 높은 점수를 주기에 충분하다(물론 재건축이 가능한 30년이 도래하기에는 앞으로 2년이나 남았지만). 개발에 따라서는 인근에 위치한 무룡산 뷰가 나오는 세대 수를 충분히 확보 가능한 점도 높이 평가할 만하다.

울산 북구 동아청구아파트 단지 정보	
사용 승인일	1994년 12월 6일
토지 이용률	용적률 118% / 건폐율 26%
세대수	608세대 (5~6층)
면적 구성	74㎡, 101㎡
주소	울산 북구 화봉동 452

☆ 화봉성원아파트(용적률 109%, 1996년 준공)

이 아파트는 동아청구아파트 큰길 건너편에 위치하여, 주공아파트, 송정지구와의 인프라 연속성 측면에서는 다소 밀리지만 대로변에 위치하여 아파트 상가를 비교적 고급스럽게만 개발한다면 동아청구아파트에 크게 부족함이 없이 개발될 수 있는 우수한 입지 조건을 갖고 있다. 기존 아파트가 그리 튼튼하게 지어지지 않아 낡아 보이고 관리가 안 되는 세대들이 많아 상대적으로 가치가 떨어져 보이지만 재건축 이후 최근 철거된 구 철길과 조화를 이룬다면 멋진 아파트로 거듭날 가능성이 높다. 현재 다른 아파트에 비해 낡아 보이는 약점이 투자자에게는 오히려 투자의 기회가 될 수 있다. 아직까지 공시가격 1억 미만의 아파트 단지로 투자에 적극 관심을 가져야 하는 단지이다.

울산 북구 연암동 성원아파트 단지 정보	
사용 승인일	1996년 7월 4일
토지 이용률	용적률 109% / 건폐율 15%
세대수	464세대 (최고 8~10층)
면적 구성	65m²
주소	울산 북구 연암동 402-1

☆ LG진로아파트(용적률 108%, 1995년 준공)

대로변 상가 바로 뒤에 위치하여 높은 편의성을 갖추었으며 628세대의 적지 않은 규모이면서도 보기 좋은 모양의 단지는 고급 아파트로 변신하기에 충분한 조건을 갖추고 있다. 성원 아파트와 이웃하여 두 아파트 간에 개발 시너지 효과도 기대된다.

☆ 늘푸른벽산아파트(용적률 109%, 1994년 준공)

현 830세대의 비교적 큰 규모의 아파트 단지로, 동아청구아파트와 함께 주변의 저층 단지 중에 제일 먼저 재건축 가능 연도가 도래할 수 있다는 장점이 충분하다. 그리하여 경우에 따라서는 의외의 결과를 만들어낼 수 있는 여지가 있다. 또한 단지가 제일 큰 만큼 좋은 브랜드의 시공사만 선정되어도 인근의 여타 단지 부럽지 않은 고품격 아파트로 충분히 변모가 가능하다.

☆ 화봉대우아파트(용적률 114%, 1995년 준공)

이 아파트는 현 240세대로 비교적 작은 규모의 아파트이긴 하나 이웃의 비교적 잘 지어진 화봉 휴먼시아 및 송정지구와 쭉 이어져 있는 인프라의 연속성에 높은 점수를 주고 싶다. 크지는 않지만 초등학교와 인접한 좋은 위치로, 충분히 살기 좋은 아파트로 변모할 가능성이 있다. 이 아파트 단지 또한 2022년 현재 공시가격 1억 미만의 아파트가 있어 투자에 관심을 가져야 하는 단지 중의 하나이다.

울산 북구 화봉대우아파트 단지 정보	
사용 승인일	1995년 11월 30일
토지 이용률	용적률 114% / 건폐율 19%
세대수	240세대 (8층)
면적 구성	74㎡, 88㎡, 102㎡
주소	울산 북구 화봉동 426

불황에 빛을 발하는
분산형 투자

불황기에는 기존 전세가 대비 갱신 시의 전세가가 하락하여 집주인이 보증금 지급에 어려움이 발생하는 역전세난이 발생할 가능성이 높다. 유 과장의 경우에도 1997년 IMF 경제위기 이후, 그리고 2008년 미국 금융위기 직후 등 이와 같은 상황에 직면하여 급매로 집을 처분한 아픈 경험이 있다. 지구의 온난화에 따라 매년 여름이면 우리나라 대부분의 도시가 열대야에 휩싸여 온 국민이 잠 못 드는 밤을 보내는 와중에도, 강원도 태백시는 여름에도 평균 온도 20도를 유지하며 해당 지역 주민들은 쾌적한 여름을 보내고 있다. 전국에서 열대야가 발생하지 않는 유일한 지역인 것이다.

이처럼 한여름에도 열대야가 발생하지 않는 예외 지역이 우리나라에 있는 것처럼, 인플레이션과 고금리 등으로 부동산 거래가 감소하는 시기에도 적은 투자 금액으로 전세금이 꾸준히 오르면서 수익을 올려줄 수 있는 부동산 투자처가 분명히 있다. 도심지 중에서 수요와 공급의 원칙을 따져 수요가 절대적으로 우위를 보이는 지역을 중심으로 희소성 있는 평형을 찾을 경우 이런 매물들은 분명 좋은 결과들을 보여주곤 한다.

불황기라 하더라도 우량 기업들은 투자를 게을리하지 않고 호황기에 대비한 신제품을 준비하는 경우와 마찬가지다. 부자를 꿈꾸는 사람이라면, 현재는 인플레이션형 불황으로 저가 아파트들이 점차 줄어드는 상황임을 상기하며 투자 비용이 적은 아파트를 중심으로 분산 투자를 하며 호황기에 대비할 필요가 있다.

유 과장의 경우 또한 2000년대 초반 서울, 수도권이 부동산 거래의 오랜 침체 상황에 있을 때 희소성 있는 울산의 태화강역 인근 소형 아파트 소액 투자로 분산하여 충분한 투자자금을 마련한 것이 현재의 여유 있는 일상의 큰 기반이 되었다. 물론 이후 서울 지역이 상승기에 접어든 2015년 다시 서울로 투자를 이동하는 방식이 수익의 큰 부분을 차지한 건 맞지만 울산 지역에서의 적지 않은 수익이 이후 서울 지역에서의 과감한 투자를 가능하게 한 원천이었던 것이다.

과감한 패러다임의 전환

여기에서 많은 이들은 3채 이상을 가진 다주택자인 경우 조정지역에 있는 매물 투자 시 취득세가 12%인데 투자의 경제성이 있는지에 대한 의문을 가질 것이다. 최근에는 부동산 단기 급등에 따라 거래가 잘 되질 않는다. 가치에 대한 확신을 가지고 이를 적극 활용할 필요가 있다. 울산 달동, 연암동, 화봉동의 경우 아직 취득세 1.1% 적용이 가능한 공시가격 1억 원 이하 매물을 구할 수 있다. 하지만 서귀포 중문주공 등의 경우는 기준시가 1억 원 이상으로, 이 경우에는 취득세 6%만큼 가격 할인을 요구하고 매도자가 이를 수용할 경우에는 오피스텔(취득세 4.6%)과 비슷한 취득세 6% 수준에 과감한 매수를 권하고 싶다. 충분히 가치가 있는 경우 약 천만 원대의 취득세 부담은 중장기로 보면 그리 큰 부담이 아닌 것이기 때문이다.

서귀포 지역의 경우는 만일 지금 취득세 문제 등으로 당장 투자가 망설여지는 경우라면 현재의 불황을 타개하기 위한 방안의 일환으로 부동산 활성화 정책이 나올 수밖에 없음에 따라 그 동향에 꾸준히 관심을 가지다 취득세가 완화될 경우 최우선 투자 대상으로 고려할 것을 권한다.

　부자로의 길은 쉽지 않다. 쉬우면 부자가 아니다. 선택에 대한 확신이 잘 서지 않는 경우도 많다.

　하지만 꾸준히 주변 지역과 가격을 비교하는 습관을 가지며 상대적 저평가에 대한 눈만 뜬다면 작은 부자는 될 수 있음을 감히 말씀드린다. 자본주의가 심화되면서 세금 없는 수익은 없다는 점을 명심하고, 버는 만큼 세금 내겠다는 원칙을 가지고 투자에 임하길 바란다.

틈새시장
오피스텔

    오피스텔은 취득세가 4.6%로, 일반 주택이나 아파트의 1.1%에 비해 높다는 이유로 일반 아파트 가격 상승에 후행하는 상황을 보여주고 있다. 특히 방이 2개 이상 되는 주거형의 경우는 인근의 아파트 등에 비하여 그 갭이 크게 벌어진 경우 이를 따라잡기 위해 상승하는 경우가 많기 때문에 오피스텔은 안 움직인다는 고정관념에서 벗어날 필요가 있다.

    정부의 1기 신도시 용적률 완화 방침이 구체화되어 재건축, 재개발이 가시화될 경우 수요가 증가할 방 2개 이상의 오피스텔의 경우 소액 투자(갭투자비 3~4천만 원 조건)로 매수 가능한 물건에 대해서는 주목할 필요가 있다.

고양시 일산구 SK엠시티 오피스텔 단지 정보	
사용 승인일	2007년 8월 20일 (최고 15층)
토지 이용률	-
세대수	646세대 (총 4개동))
면적 구성	139㎡ ~ 275㎡
주소	경기도 고양시 일산동구 장항동 869

상기 오피스텔의 경우 중대형으로 구성됨은 물론 대기업 브랜드로 분양 평수 48평형(실평수 29평형)의 경우 큰 방 2개를 보유한 경우로 4천만 원(매매가 4억 정도, 전세가 3.6억 원)이면 매수 가능함에 따라 투자를 적극 고려할 만하다.

인근의 코오롱레이크폴리스2의 경우 방 3개 분양 평수 48평형(실평수 29평형)의 경우는 매매가 4.2억 원, 분양 평수 71평형(실평수 42평형)의 경우는 매매가 5.5억 원 등 단기간 검색만으로도 아직도 저평가된 매물이 다수 있어 보인다.

현재 일산의 가장 큰 문제점인 교통 문제가 GTX-A 개통 등으로 개선된다면 평촌의 실평수 24평형(84㎡) 오피스텔이 현재 호가가 7억 원인 상황에서, 일산의 분양 평수 48평형(실평수 29평형)의 오피스텔이 현재와 같은 4억 원대 수준에 머물까? 코로나로 인해서 넓은 실내공간 주택에 대한 선호도가 높아지는 상황을 고려한다면 향후 5~6년 내 최소 2억 원 이상의 가격 상승 여력은 있어 보인다.

특히 오피스텔이라 하더라도 70평대 이상의 대형 평수는 그 희소성과 높은 주거 만족도 등으로 상승 시 소형 평수에 비해 크게 오르는 만큼, 지금과 같은 거래 비수기에 70평형 이상의 대형 평형의 급매물에는 꾸준한 관심을 가질 필요가 있다.

고양시 일산구 브라운스톤 오피스텔 단지 정보	
사용 승인일	2005년 8월 9일 (10~15층)
토지 이용률	-
세대수	1069세대 (총 3개동)
면적 구성	77㎡ ~ 276㎡
주소	경기도 고양시 일산동구 백석동 1330

부자 대상 설문조사

다음은 머니투데이에 2022년 6월 18일 보도된 「2022년 당당한 부자 대국민 설문조사」 결과다. 부자가 되는 방법에 대한 유주택 부자들의 의견이다. 국토가 좁고 인프라가 한정된 우리나라의 여건상 부동산만 한 재테크 투자 방법이 없음을 부자들은 재확인시켜주고 있다.

2022년 부자들의 재테크 방법 선호 순위

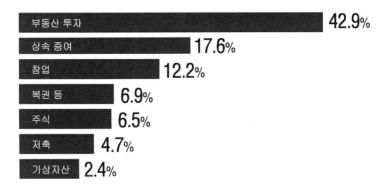

부동산 투자	42.9%
상속 증여	17.6%
창업	12.2%
복권 등	6.9%
주식	6.5%
저축	4.7%
가상자산	2.4%

외지인들의 지속적인 제주도 부동산 매입 소식

제주 지역 주택과 토지를 사들이는 외지인 수요가 2022년에도 여전한 것으로 나타났다. 대출 규제와 금리 인상에도 부동산 규제를 피한 전국의 매수 수요가 비규제지역인 제주로 유입되고 있다는 얘기다. 최근 아파트 가격이 내림세로 돌아선 지역들이 상당하지만 제주에선 여전히 상승을 이어가는 것도 실수요층 외에 가수요가 영향을 미치고 있다고 볼 수 있다.

2022년 1~4월 제주도 주택매매거래량 3,262호 중 외지인의 매입 비중은 28.2%(921호)로 나타났다. 특히 지역별로는 제주시에서 매매거래된 주택 2,185호 중 20.1%(440호)를 외지인이 사들였고, 서귀포시 지역에선 1,078호의 매매거래 중 44.6%(481호)를 매입한 것으로 집계됐다.

제주 지역 주택과 토지를 외지인들이 많이 사들이는 것은 제주가 비규제지역인 점, 그리고 최고의 관광지인 만큼 여전히 투자할 매력이 있다고 보는 것이 타당해 보인다.

수도권 이천의 나홀로 상승, 지방 아파트의 청약 흥행

서울에서의 '똘똘한 한 채' 상승 소식과 함께 수도권에서 집값 하락세가 나타나는 가운데 경기도 이천의 아파트 가격이 2022년 상반기 나홀로 상승을 하고 있다. 한국 부동산원 6월 셋째 주 주간 동향에 따르면 매매가격 변동률은 0.3%로 전국에서 가장 높은 상승률이다. 2022년 들어 이천에서 팔린 아파트 795채 중 223채(28.05%)를 외지인이 사들인 것으로 집계되었다. 수도권에서 얼마 남지 않은 비규제지역이라 자금 부담이 적고 전매 제한 등 규제가 적다는 점도 영향을 미친 것으로 분석되며, 공시가격 1억 미만 저가 단지들도 다수 있어 소액 투자가 몰렸다는 점도 그 이유로 볼 수 있다.

2021년 초만 하더라도 '문만 열면 완판'이었던 서울, 수도권의 분양 열기는 이제 주춤해진 반면, 지방 아파트 분양은 양호한 수준을 유지하고 있다. 이처럼 분위기가 반전된 이유는 지방의 비규제지역에서 양호한 청약 성적이 나오고 있어서다. 2022년 6월 20일 한국부동산원 청약홈에 따르면 올해(1~6월 2주) 청약을 받은 단지 중 비규제지역 민간택지에서 분양한 단지는 총 34개 단지로 1순위 청약 경쟁률은 1만 2,473가구(특별공급 제외) 모집에 13만 7,904명이 청약 접수를 했다. 평균 경쟁률이 11.06대 1에 달하고 있다.

이처럼 전매 금지 기간이 짧거나 아예 없는 지역인 지방에서 이뤄지는 청약은 의외의 호황을 맞고 있다. 비규제지역의 저평가된 지방을 중심으로 상대적 저평가에 따른 뒤늦은 상승을 보이고 있는 것으로 보인다.

터키발 인플레이션 소식

터키는 2022년 6월 소비자물가지수가 전년 같은 기간 대비 73.5% 상승했다. 물가상승률이 세계 최고 수준이다.

터키 통계국에 따르면 2022년 4월 인플레이션율은 지난달보다 7.3%
포인트 올라 69.9%에 달했고 20년 만에 최고치를 기록했다. 같은 달
터키의 교통요금은 전년 동월 대비 105.9% 폭등했다. 식품·음료수 가
격, 가구와 가정용 시설 가격은 각각 89.1%와 77.6% 대폭 상승했다.

터키 정부는 지난해 신종 코로나바이러스 감염증 팬데믹에 대처하겠
다며 경기 부양을 위해 금리를 계속 내리다가 리라화 가치가 하락해
인플레이션이 심각해졌다. 2022년 우크라이나 전쟁으로 인한 공급난
과 이에 따른 고유가, 원자재·곡물 가격 폭등이라는 글로벌 복합위기
의 직격탄을 맞았는데, 주요 국가들은 인플레이션을 잡기 위해 금리
인상과 긴축으로 대처한 반면 터키는 관광 수입 급감으로 위축된 경기
를 살리겠다며 저금리 기조를 고집하다가 리라화 가치가 더욱 폭락해
'70% 인플레이션'이라는 초유의 사태까지 발생한 상황이다.

터키 외에 아르헨티나, 스리랑카 등의 국가에서도 높은 인플레이션이
발생하고 있는 상황이 추가적으로 보도되고 있다. 글로벌 경제공조 상
황에서 우리나라만 오랫동안 인플레이션의 영향권에서 예외로 머물기
는 쉽지 않을 것으로 보인다.

인플레이션발 소비 위축

인플레이션발(發) 소비 부진이 현실화하고 있다. 원자재·유가 급등으
로 물가가 급격히 오르면서 소비자 지갑이 굳게 닫히는 양상이다. 가전
과 스마트폰 등 코로나19 기간 '보복소비'의 수혜를 봤던 기업들이 코로

나19 엔데믹의 격랑도 가장 먼저 맞고 있다. 2022년 6월 들어 삼성전자, LG전자의 2분기 가전·TV 부문 매출이 세계 주요 지역별로 10% 이상 감소했다. 러시아의 우크라이나 침공 여파를 직접 받은 유럽 지역 등은 매출 감소 폭이 더 큰 것으로 알려졌다.

국내 상황도 비슷하다. 롯데하이마트, 전자랜드 등 오프라인 가전 판매점의 2022년 2분기 가전제품 판매가 전년 동기 대비 감소한 것으로 전해졌다. 한 가전유통업체 대표는 "6월은 에어컨 판매 성수기인데 이달 판매량은 작년보다 20%가량 줄었다"라며 "벌써부터 재고 관리가 걱정"이라고 말했다. 이와 같은 판매 부진은 물가 급등 때문이라는 분석이다. 2022년 5월 소비자물가상승률은 5.4%로, 2008년 7월(5.9%) 후 최고점을 찍었다. 지난해 대기업을 중심으로 임금이 오르긴 했지만 물가 급등으로 소비 여력은 되레 줄었다.

앞에서도 몇 번 언급하였지만 '소비 위축의 해법은 곧 부동산 정책 완화'임을 명심할 필요가 있는데, 최근 정부가 추진하는 부동산 규제 완화 정책의 이면에는 소비 위축이 있다. 최근 정부의 부동산 규제 완화책 발표는 소비 감소 현상이 심해질수록 정부의 부동산 규제는 완화될 수밖에 없음을 재확인시켜주고 있다.

급등 직전의
부동산 시장 모습

    부동산 또한 수요와 공급에 의해서 그 가치가 결정되는 만큼 수요와 공급은 물론 급등 직전의 모습 등에 대하여 관심을 가질 필요가 있다. 이왕이면 투자한 후 단기간 상승해준다면 관련 금융비용도 줄이고 투자에 대한 자신감도 가지는 1석 2조의 효과가 될 수 있기 때문이다.

    급등 지역의 경우는 다음과 같은 양상을 보이는 경우가 흔하다. 먼저 지역 내에서 가격을 선도하는 부동산 매물이 특별한 호재를 타면서 먼저 급등을 하여 동일 지역에 급등한 물건과 급등하지 않은 물건이 혼재되는 모습을 보인다. 뒤이어 가격 상승에서 소외되어 상대적으로 저평가된 매물이 한 개, 두 개 소진되는 상황을 보이다가 마침내는 지역 전체적으로 상승이 확산되어 지역 전체가 급등 지역이 되는 모양새를 보인다. 유 과장은 오랜 투자 경험을 통하여 이런 패턴을 다수 목격한 바 있으며 유 과장 투자의 핵심 중의 하나도 이러한 지역을 유심히 살피다가 급등하지 않은 매물을 뒤이어 따라잡는 방식의 투자이다.

    호재를 명분 삼아 지역 내 아파트 가격이 크게 오른 곳이 있는 경우, 그 가격을 올린 세력이 분명히 있다. 이들은 건설 자본이 될 수도 있고, 투자 동호인 세력이 될 수도 있는데 이들이 한번 진입한 이상 당장이 아니라 하더라도 일정 시점이 지나면 반드시 상승의 시기가 오는 경우가 많음에 주목할 필요가 있다.

우리는 자본주의 사회에 살고 있다. 따라서 부동산 가격 상승의 이면에는 이들 자본에 의해서 가치가 좌지우지되고 있는 경우가 많은 현실을 직시할 필요가 있다.

현재 대표적으로 이러한 모습을 보이는 지역은 제주도이다. 제주시의 경우는 최근 1년 내 급등하였으나 서귀포 지역 소형 아파트의 경우는 아직까지는 상대적으로 낮은 상승세를 보이고 있어 단기 상승 가능성이 높은 후보군이다.

또한 울산 달동, 삼산동의 경우도 일부 아파트는 개발 호재를 빌미로 최근 2~3년 동안 70~80%의 상승을 보이고 있으나 동일 지역에 아직 낮은 상승률을 보이는 아파트가 다수 있음에 따라 이곳 역시 강력한 단기 상승 후보 지역의 하나이다. 또한 이 지역은 아직까지 공시가격 1억 미만 아파트가 있음에 따라 다주택자의 경우는 이들 아파트에 대하여 우선적으로 관심을 가질 필요가 있다.

5년 20억 자산 만들기 추진 계획 ① - 공격형

　새로운 정부가 재건축, 재개발에 대한 완화 기조를 보임에 따라 서울, 수도권에 비해 저평가된 지방의 재건축, 재개발 관련 아파트를 중심으로 우선적으로 가격 상승이 선도될 가능성이 높아 보인다.

　따라서 향후 5년 내에 편안한 노후를 즐길 부자로 진입하길 바란다면 이들 아파트군을 중심으로 꾸준한 매집을 추진하길 권해본다. 서귀포의 저층 아파트를 매수하면 이들은 재건축 추진 시에는 최초 대비 3억 이상 가격 상승이 충분히 가능한 지역임에 따라 5년 20억 원 이상의 자산 만들기에 부족함이 없다.

　다만 공시가격 1억 이상이 되는 지역으로 3주택 이상의 다주택자들이 매입할 때는 취득세가 12% 부여됨에 따라 공격형 추진 계획이라 명명해본다.

서귀포시 중문 푸른주공 가치계산 사례

　19평형의 경우 토지지분(약 19평 ÷ 용적률 0.75) 약 25.3평으로, 매수

가능가 2억 2천만 원 기준으로 용적률 150% 수준이며 재건축 시 재건축 부담금 약 2억 6천만 원(약 650만 원 × 40평)을 더하면 4억 8천만 원이 원가인데, 40평형의 새 아파트로 변모 시(인근의 1년 된 중문 이편한세상 용적률 160% 32평형이 최근 6억 원대에 거래된 것과 비교) 9억 원 이상의 가치가 충분함에 따라 기타 비용을 제하고도 1채당 3억 원 이상의 상승은 충분히 기대가 가능하다.

우리나라 휴양지 중에서도 그 인프라의 고급스러움이 1등인 중문 지역의 아파트는 그 희소성 측면의 가치도 충분함에 따라 재건축 시 그 가치 상승이 충분히 예견된다. 이러한 우량 매물에 대한 가치 선점은 아무리 강조해도 지나치지 않는다.

• 여기서 잠깐

중문 푸른주공의 경우 2003년 준공으로, '재건축이 가능하려면 10여 년이나 남았는데 투자 가치가 있을까?'라는 의문이 있을 수 있다. 인근 서귀포시 서호대림 등 저층 아파트가 준공 30년을 2~3년 앞둔 2022년 현재 매물이 거의 나오지 않는 상황임을 고려 시, 30년을 채우게 되는 2~3년 내에 가격이 한 번은 상승할 가능성이 높다. 레벨업 가능성이 높은 것이다.

이때가 되면 중문 푸른주공도 이와 연동하여 상승 가능성이 높기 때문에 투자에 절대 이른 시점이 아님을 말씀드린다. 부동산 투자 고려 시는 가격 상승이 연동될 수 있는 요인들을 사전에 충분히 살펴볼 필요가 있다.

5년 20억 자산 만들기 투자 예시

• 투자를 위한 준비

다가오지 않은 미래의 일을 예측하는 것은 어려운 일이다. 하지만 새 정부의 기조가 규제 완화이고, 이에 상상력을 더하여 미래를 꿈꾸는 투자를 진행한다면 현재의 삶이 다소 힘들고 어렵더라도 이를 이겨내는 데에도 도움이 될 것이며 일정 시점이 되면 지금보다 나은 비전을 꿈꾸고 있는 자신을 발견하게 될 것이다.

1~2년차의 투자는 일단 현 생활에서의 기득권을 포기하려는 절대적인 노력이 필요하다.

- 영업 등을 위해 반드시 필요하지 않다면 타던 차를 매각할 것
- 현재 살고 있는 집을 줄일 것
- 전세 살 경우는 더 저렴한 곳으로, 자가일 경우는 현재 사는 집을 전세로 전환하고 자기 주택의 전세 대비 1억 원 싼 집으로 전세 들어갈 것

같은 임금으로 남들과 다른 노년의 부를, 또는 조기 퇴직을 통한 자유를 원한다면 기득권을 과감히 포기하고 더 나은 부를 위하여 투자를 위한 에너지를 만드는 데 집중하는 노력이 최우선적으로 필요하다.

• 최근 동향을 기초로 한 투자 대상 선별

주요 키워드를 부동산, 지방, 제주도(서귀포), 인플레이션, 소비 위축의 다섯 가지로 줄인 다음 시사성을 살펴보면, 인플레이션에 따른 소비 위축 완화책의 일환으로 정부의 부동산 규제책이 점진적으로 완화

되면서 최근까지 수도권 상승에 뒤처져 있던 지방의 우량 부동산이 우선적으로 상승할 수 있는 상황으로 요약된다. 특히 외지인이 50% 가까이 매입하는 제주 서귀포는 외지인들이 서울, 수도권 출신일 가능성이 높은 만큼 이곳은 오를 경우 서울, 수도권 수준(3~4억 이상)의 높은 상승 가능성을 보여주고 있다.

다음은 예시로, 실투자 비용에는 다소의 차이가 있을 수 있음을 참고하시기 바란다. 아울러 실제 물건 상황과 전세 시세 등에 따라 상황은 다소 변동될 수 있다.

제주 중문 푸른주공 등 서귀포 재건축 저층 아파트 7채 매입을 목표로 설계 추진한다. 3억 원 상승 × 7채 = 21억 원 상승을 목표로 한다.

☆ 2022년
- 살던 집을 줄이고 그동안 모은 돈을 합쳐 약 1억 원 + @를 마련하여 중문 푸른주공 등 서귀포 재건축 저층 아파트 전세입자 끼고 2채 갭투자
- 비조정지역인 제주의 경우 네 번째 주택 마련 시 12% 취득세가 부담스럽기 때문에 매입 시 몇백만 원이라도 깎아 취득세 절감 효과를 만듦

☆ 2023년
- 기혼의 경우, 양가에서 재산 5천만 원씩 미리 상속받아 1억 원을 마련하고 추가 자금을 마련하여 중문 푸른주공 등 서귀포 재건축 저층 아파트 전세입자 끼고 2채 갭투자

☆ **2024년**

- 2년 후면 저금리 전환 가정하에 1억 원 대출 + @로 중문 푸른주공 등 서귀포 재건축 저층 아파트 전세입자 끼고 2채 갭투자

3년 차까지 6채 마련이 차질 없이 진행되었다면 더 이상 설명하지 않아도 당신은 남은 1년 내 추가 1채 마련할 능력을 갖추었을 것이다.

그다음부터는 전세 재계약에 따른 전세보증금 인상분에 그동안 모은 돈 등을 활용한다든지 다양한 해법을 찾게 될 것이다. 그다음은 결실을 기다리는 농부처럼 버텨내기만 한다면 멀지 않은 시점에 20억 자산가라는 호칭이 당신에게도 부여될 것으로 판단된다.

5년 20억 자산 만들기 추진 계획 ② - 안정형

　외지인이 50%가량 투자로 가격 상승 가능성이 높은 제주도 서귀포 지역 다음으로, 정책 완화의 수혜 예상이 되는 울산 지역 남구 및 북구의 공시가격 1억 미만 아파트에 꾸준히 투자하면 이 또한 적지 않은 수익을 가져다줄 것으로 예상된다.

　이 지역에 대한 투자는 취득 가능한 공시가격 1억 미만 매물이 아직 남아 있으므로 서귀포 지역 투자보다는 비용 부담이 적다. 따라서 안정형이라 명명하였다.

울산 달동 주공2차 15평형 가치계산 사례

　달동 15평형의 경우 아직 공시가격 1억 미만의 아파트로, 울산 남구 지역의 조정지역 해제 시 충분히 가격 상승 가능성이 예상되는 아파트라 할 수 있다. 지역의 가격 선도 아파트 삼산현대 32평형이 2017년 대비 100% 이상 상승을 보이고 있기 때문에 아직 30% 정도밖에 상승하지 않은 주공2차 15평형의 경우 1억 원 정도의 추가 상승 가능성이 있으며, 조정지역 해제 시 지역의 선도 아파트들 추가 가격 상승 효과에 추가로 인플레이션 등을 감안한다면 5년 내 2억 원 이상의 상승 가능성은 충분하다고 본다.

울산 연암동 성원아파트 가치계산 사례

20평형의 경우 토지지분(약 20평 ÷ 용적률 1.09) 약 18평으로, 매수 가능가 1억 6천만 원 기준으로 용적률 150% 수준이며 재건축 시 재건축부담금 약 2억 원(약 650만 원 × 32평)을 더하면 3억 6천만 원이 원가인데, 새 아파트로 변모 시(인근 8년 된 화봉동 쌍용예가 32평형이 최근 5억 원대에 거래된 것과 비교) 7억 원 이상의 가치가 충분함에 따라 기타 비용을 제하고도 1채당 3억 원 이상의 상승은 충분히 기대 가능하다.

연암동 성원아파트의 경우 인근 지역을 지나던 철도 노선이 변동되면서 폐선 부지가 멋진 공원으로 변모할 것이 기대됨은 물론, 현재 조성되는 전철 복선화 완성 이후 중기적으로 태화강역까지 KTX 노선의 확장을 기대할 수 있으므로 이와 관련한 가치 상승 가능성은 충분하다.

5년 20억 만들기 투자 예시

울산의 요지인 남구의 가격 상승이 먼저 이뤄질 가능성이 높은 상황에서 선 남구 아파트, 후 북구 연암·화봉동 아파트 순서대로 매입을 권한다(10채 × 2억 원 = 20억 원).

☆ 2022년
- 살던 집을 줄이고 그동안 모은 돈을 합쳐 약 1억 원을 마련하여 남구 달동 15평형 아파트 전세입자 끼고 3채 갭투자

☆ 2023년
- 기혼의 경우, 양가에서 재산 5천만 원씩 미리 상속받아 1억 원 마련하고, 추가 자금을 마련하여 남구 달동 아파트 전세입자 끼고 3채 갭투자

☆ 2024년
- 2년 후면 남구 달동 아파트 공시가격이 1억 초과로 변경될 가능성이 있으므로 그 이후에는 시중 저금리 전환 가정하에 1억 원 대출로 연암동 성원 재건축 저층 아파트 전세입자 끼고 2채 갭투자

3년 차까지 8채 마련이 차질 없이 진행되었다면 이 경우 또한 더 이상 설명하지 않아도 투자 시작 4년 차에 마지막 남은 목표 추가 2채는 (전세 재계약에 따른 전세보증금 인상분에 그동안 모은 돈 활용 등으로) 그간 투자 경험을 바탕으로 충분히 마련할 것이다.

5년 20억 자산 만들기 추진 계획 ③ - 틈새 공략형

　고양시 일산에 있는 4억 원대의 방 2개 이상을 보유한 48평형 이상의 오피스텔은 건축한 지 20여 년을 넘겼음에도 그 넓은 공간이 가져다주는 편안함과 희소성 등으로 때가 되면 상승할 수 있는 여력이 있다. 지금과 같이 조정지역을 중심으로 많은 세금이 부과되는 시기에 5천만 원 정도의 투자금으로 가능한 48평형 1채와 70평형 1채를 적극 매수할 것을 권한다.

　참고로 오피스텔은 주거형이 아닌 비주거형으로 보유 시에는 주택 수에 포함되지 않고 종부세 합산에서도 제외됨은 물론이고 조정지역이라해도 양도세 중과세에서 제외된다. 2채를 주거형 또는 비주거형으로 구분하는 문제는 비주거형(상업용)으로 구분 시 증가되는 재산세 증가분, 그리고 양도세 중과 제외 및 종부세 제외 등 장단점을 염두해야 한다. 이는 개인이 처한 상황에 따라 판단하고 결정할 필요가 있다.

틈새시장 일산 오피스텔의 투자 매력

수요와 공급의 시장 원리에 의해 부동산의 가치를 나타내주는 바로미터는 전세가이다. 유 과장의 오랜 투자 경험으로, 특히 지금과 같은 인플레이션 시대에 방 2개 이상을 보유한 경우 5천만 원 전후의 갭투자금으로 매수 가능한 물건은 절대적으로 저평가로 보인다.

평촌의 실평수 24평형 오피스텔이 매매가 7억 2천, 전세가 4억 5천 정도로 형성되어 있는데 비슷한 평형의 일산 오피스텔의 경우는 매매가 4억 2천, 전세가 3억 8천으로 형성되어 있어 두 곳의 매물을 단순 비교해보아도 일산의 오피스텔이 아직은 충분히 저평가 상태임을 보여주고 있다.

5년 20억 만들기 투자 예시

끝나지 않은 코로나의 시대, 넓은 평형의 수요가 증가하는 흐름과 더불어 희소성을 갖추고 상대적으로 저평가된 고양시 일산의 48평형 이상 대형 평형 오피스텔을 5년 10채 매입을 목표로 추진한다(10채 × 2억 원 = 20억 원).

추진 계획 ③으로 표기하였지만 한번 상승세를 타면 크게 오르는 대형 평수에 대한 투자로, 추진 계획 ②보다 높은 점수를 주고 싶다.

☆ 2022년

- 살던 집을 줄이고 그동안 모은 돈을 합쳐 약 1억 원 + @를 마련하여 일산 대형 평형(48평형 이상) 오피스텔 전세입자 끼고 3채 갭투자

☆ 2023년

- 기혼의 경우, 양가에서 재산 5천만 원씩 미리 상속받아 1억 원 마련하고, 부족한 자금은 별도로 마련하여 일산 대형 평형(48평형 이상) 오피스텔 전세입자 끼고 3채 갭투자

☆ 2024년

- 2년 후 저금리 전환 가정하에 1억 원 대출로 전세입자 끼고 2채 갭투자

3년 차까지 8채 마련이 차질 없이 진행되었다면 이 또한 더 이상 설명하지 않아도 투자 시작 4년 차에 마지막 남은 목표인 추가 2채도 마련할 것이다.

만일 유 과장이 지금 시점에 20억 원 수익을 목표로 투자 계획을 세운다고 가정하며 만들어본 추진 계획 ①·②·③은 각각의 장단점이 명확히 구분된다. 실제 상황은 변동될 수 있다는 말씀을 드리며, 실제 매입을 할 경우에는 자금 사정, 적정 매물 등을 고려하여 추진 계획 ①·②·③이 적절히 혼합된 투자가 이뤄질 가능성이 높다고 본다.

인간의 탐욕이 만든 코로나 사태는 쉽게 끝나지 않을 것이기 때문에 이와 관련한 인플레이션의 지속 가능성은 어느 때보다 높다. 정부의 인플레이션 억제 노력은 단기적으로 효과가 있을지는 모르지만 중기적으로는 쉽지 않을 것이기 때문에 우량 부동산에 대한 분산 투자를 통해 자산 증식과 인플레이션 헷지 효과 등을 꾸준히 추진할 필요가 있다.

그러다 보면 유 과장이 그랬던 것처럼 어느 순간 자산의 규모가 목표로 한 금액 인근에 도달해 있는 순간을 발견하게 될 것이다.